CONTROLE DO SILÊNCIO ADMINISTRATIVO NO ESTADO DO RIO GRANDE DO NORTE

Thiago de Bessa da Silva

CONTROLE DO SILÊNCIO ADMINISTRATIVO NO ESTADO DO RIO GRANDE DO NORTE

Natal, 2022

Coordenacão Editorial: Polimatia
Capa: Lamonier
Revisão ortográfica e gramatical: Responsabilidade dos autores

Catalogação da Publicação na Fonte

S586c

Silva, Thiago de Bessa da.
Controle do silêncio administrativo no estado do Rio Grande do Norte / Thiago de Bessa da Silva. – Natal: Polimatia, 2022.
84 p.

Inclui referências
ISBN 978-65-84539-39-6

1. Direito administrativo. 2. Direito administrativo – Princípios. 3. Silêncio administrativo. 4. Administração pública. 5. Rio Grande do Norte. I. Título.

CDU: 342.9

Elaborada por Shirley de Carvalho Guedes. CRB/15 – 440

Rua Barão de Lucena, n. 62
Bairro Pitimbu | 59.066-285 | Natal-RN | Brasil
e-mail: editorapolimatia@gmail.com
Telefone: 84 99145-5262

A Tatiana, sempre.
E aos nossos filhos Theo (in memorian) e Murilo.

AGRADECIMENTOS

Inicialmente, gostaria de agradecer a disposição e apoio do meu orientador, Professor Doutor Vladimir da Rocha França, cujo vasto acervo de publicações serviu de suporte bibliográfico para realização desse trabalho. Marcando sempre pela disponibilidade e boa vontade, sua trajetória acadêmica serve de inspiração para os novos administrativistas.

Agradeço também, as valorosas observações dos Professores e Procuradores Federais Thiago Murilo da Nóbrega Galvão e Bráulio Gomes Mendes Diniz que cooperaram para o aperfeiçoamento deste trabalho.

Por fim, agradeço à minha família, cujo suporte, nesta e em todas as atividades nas quais me envolvo, tem caráter fundamental.

Non minus interdum oratorium esse tacere
quam dicere. (Plinio, il Giovane)
Às vezes calar não é menos eloquente do
que falar. (Plínio, o Jovem)

SUMÁRIO

1
INTRODUÇÃO

A omissão da Administração Pública ainda é uma prática ainda muito comum no cotidiano do cidadão brasileiro que precisa da prestação dos serviços públicos. Esta ação perniciosa de silenciar mediante provocação do administrado macula o sentimento de confiança que é depositado no Estado e nas suas instituições. O Direito Administrativo ao identificar este problema busca alternativas para mitigação dessa prática por meio de atribuições de efeitos ao considerar presumido o ato ou fato praticado.

O presente estudo tem como objetivo aferir a compatibilidade do instituto do silêncio administrativo esculpido pela Lei Complementar do Estado do Rio Grande do Norte e sua efetividade na garantia dos direitos individuais por meio da compatibilização ou não com os princípios e regras do regime jurídico-administrativo que atualmente está em vigor no país.

Para tanto, será abordado no segundo capítulo os elementos que compõe o regime jurídico-administrativo em vigor no país por meio da exposição de alguns princípios implícitos, dentre os quais os princípios da razoabilidade e proporcionalidade, essenciais para análise da legalidade do silêncio administrativo.

Seguindo com as "pedras de toque" assim denominadas por Bandeira de Mello[1] os princípios da supremacia do interesse público e da indisponibilidade do interesse público. Finalizando com uma breve explanação dos princípios administrativos constitucionalmente expressos no art. 37 da Constituição Federal, qual seja, os princípios da legalidade, impessoalidade, eficiência, moralidade e eficiência.

No terceiro capítulo, entra-se na construção do conceito de silêncio administrativo, estudando sua origem histórica na França e sua evolução até os dias atuais, passando pela alteração de seus efeitos em determinados casos. A situação da teoria no direito administrativo brasileiro. E finalmente sua conceituação, tipologia da doutrina entre ato, fato ou ato-fato jurídico e seus efeitos positivos, negativos e translativos.

Ademais, será enfrentado a questão do silêncio no direito privado que possui previsão legal no Código Civil, no tocante aos negócios jurídicos bilaterais é possível atribuir efeitos ao silêncio quando as circunstâncias ou uso autorizarem. O que se aproxima do Direito Público, uma vez que para que o silêncio possa gerar efeitos é preciso previsão legal atribuindo seus efeitos, pois em regra, a omissão qualificada não gera efeitos.

Ressalta-se ainda a possibilidade de configuração do silêncio nos atos administrativos normativos, que em regra, dispensam a motivação, se a Lei atribuir a necessidade da exposição dos pressupostos de fato e de direito que justificam a emissão do ato, tal requisito deve ser observado, sob pena de invalidade do ato normativo como efeito do silêncio.

Munido desses conceitos preliminares, passa-se a aferir a compatibilidade do instituto do silêncio administrativo previsto na

---

1 BANDEIRA DE MELLO, Celso Antônio. *Curso de Direito Administrativo*. 32. ed. São Paulo: Malheiros, 2015. p. 55.

Legislação Estadual do Rio Grande do Norte. Para tanto, inicia-se com a exposição dos mecanismos de controle da administração que podem ser utilizados pela própria administração, pelo poder Legislativo, desde que previsto na Constituição e pelo Poder Judiciário, mediante provocação do administrado e dentro de certos limites que serão especificados.

Na sequência, caracteriza-se o mecanismo para configuração do silêncio administrativo potiguar com a análise de cada requisito previsto, tais como a necessidade do transcurso do prazo de 60 dias para a Administração decidir, momento em que se configura a omissão qualificada, a necessidade de após o transcurso desse prazo o administrado em até 10 dias novamente peticionar solicitando que a administração se manifesta e assim, somente assim, na persistência da omissão surgir os efeitos negativos do silêncio.

Por fim, dentro dos limites do assunto que ainda resta muito a ser pesquisado até para servir de justificativa para uma futura legislação federal, apresenta-se proposta legislativa de alteração do texto legal para adequação do instituto ao regime jurídico-administrativo em vigor no país.

2
REGIME JURÍDICO-ADMINISTRATIVO BRASILEIRO

Segundo a melhor doutrina[2], consiste o regime jurídico-administrativo no subsistema do sistema do Direito positivo que disciplina a função administrativa na consecução de seus fins. Essas finalidades, perseguidas pela Administração Pública, estão definidas no art. 3º do texto constitucional[3].

Não só deveres atribuir a Constituição à Administração para que possa cumprir essas tarefas, lhe são conferidas certas prerrogativas, que serão detalhadas em momento oportuno. Em linhas gerais, pode-se afirmar que o objetivo primordial é o de atender ao interesse público.

Numa singela analogia com o sistema solar que é formado por um conjunto de planetas que giram em torno do sol, sistema esse que, por sua vez compõe a via láctea. Temos no Direito Administrativo como um sistema que é composto por diversas normas, regras e princípios que orbitam em torno do interesse público, supremo e indisponível, e *per si* juntos com outros sistemas compõe o regime de direito público.

---

2 ROCHA FRANÇA, Vladimir da. Regime jurídico-administrativo, interesses públicos e direitos fundamentais. *Revista Colunistas* – Direito do Estado, v. 260, 2016. p.1.

3 Esse enunciado constitucional tem a seguinte redação: Art. 3º Constituem objetivos fundamentais da República Federativa do Brasil: I – construir uma sociedade livre, justa e solidária; II – garantir o desenvolvimento nacional; III – erradicar a pobreza e a marginalização e reduzir as desigualdades sociais e regionais; IV – promover o bem de todos, sem preconceitos de origem, raça, sexo, cor, idade e quaisquer outras formas de discriminação.

Assim pode-se afirmar que ao conjunto de prerrogativas e sujeições ao qual a Administração se submete, dar-se o nome de regime jurídico-administrativo, tal conjunto de normas que condicionam o exercício de um dever-poder público.

Para o Bandeira de Mello[4], o que qualifica uma disciplina jurídica autônoma é o conjunto sistematizado de princípios e regras que lhe dão identidade, o que a diferencia das demais ramificações do Direito.

Portanto, para evidenciar o Direito Administrativo, tem-se como pressuposto a existência de princípios que lhe são peculiares e que guardem entre si uma relação lógica de coerência e unidade compondo um sistema ou regime: o regime jurídico-administrativo.

Essa peculiaridade é o que Bandeira de Mello[5] chama de "pedras de toque" consubstanciadas pelos princípios da supremacia do interesse público sobre o privado e pela indisponibilidade dos interesses públicos.

A complexidade do tecido social torna limitada a capacidade do ordenamento jurídico prevê, por meio de normas gerais e abstratas, meios para consecução dos fins legalmente estabelecidos. Daí a necessidade de se destacar um conjunto de princípios que inspiram determinadas áreas do direito.

Pode-se conceituar princípio como o mandamento nuclear de um sistema, uma disposição fundamental que se irradia por diferentes normas preenchendo as lacunas existente entre as normas, conferindo

4 BANDEIRA DE MELLO, Celso Antônio. *Curso de Direito Administrativo*. 32. ed. São Paulo: Malheiros, 2015. p. 53.

5 *Ibid.*, p. 55.

a tônica que lhe dá sentido harmônico[6], daí porque aduz Bandeira de Mello[7]:

> Violar um princípio é muito mais grave que transgredir uma norma. A desatenção ao princípio implica ofensa não apenas a um específico mandamento obrigatório, mas a todo o sistema de comandos. É a mais grave forma de ilegalidade ou inconstitucionalidade, conforme o escalão do princípio violado, porque representa insurgência contra todo o sistema, subversão de seus valores fundamentais, contumélia irremissível a seu arcabouço lógico e corrosão de sua estrutura mestra.

Nesse sentido, ensina Rocha França[8] que os princípios jurídicos são normas jurídicas que estabelecem as diretrizes a serem alcançadas com a concretização do sistema de direito positivo. Com isso, instituem o dever jurídico de realizar comportamentos necessários para a preservação ou a realização de um estado ideal de coisas, que no direito administrativo seria a satisfação do interesse público.

Para Dworkin[9], os princípios, diferentemente das regras, possuem uma dimensão de peso que se exterioriza na hipótese de colisão, na aplicação ao caso concreto pode-se aferir que o peso relativo maior se sobrepõe sem que o outro perca sua validade. Já Alexy[10], por princípio consiste apenas em um espécie de norma jurídica por meio

---

6 A definição tem forte inspiração na doutrina de Celso Antônio Bandeira de Mello (Curso de Direito Administrativo, 32ª ed. São Paulo: Malheiros, 2015. p. 54.)

7 BANDEIRA DE MELLO, Celso Antônio. *Curso de Direito Administrativo*. 32. ed. São Paulo: Malheiros, 2015. p. 54.

8 ROCHA FRANÇA, Vladimir da. *Estrutura e motivação do ato administrativo*. São Paulo: Malheiros, 2007. p. 28.

9 DWORKIN, Ronald. *Taking Right Seriously*. 6. ed. Londres: Duckworth, 2009. p. 26.

10 ALEXY, Robert. *Teoria dos Direitos Fundamentais*. Traduzido por Virgílio Afonso da Silva. São Paulo: Malheiros, 2008. Tradução de: "Theorie der Grundrechte", 2006. p. 116.

do qual são estabelecidos deveres de otimização, aplicáveis em vários graus, segundo as possibilidades normativas e fáticas.

Daí a necessidade da existência de um conjunto sistematizado de norma jurídicas, compreendidas como regras e princípios, é essencial para gerar um regime previsível que garante segurança jurídica na realização das competências atribuídas constitucionalmente para realização da função administrativa, uma vez que toda atividade estatal está submetida ao ordenamento jurídico vigente.

Dessa forma, para delimitar o regime jurídico-administrativo é preciso identificar quais os princípios explícitos e implícitos que o ordenam. Com isso, passa-se a tratar em tópicos específicos dos princípios gerais que compõe o regime, das "pedras de toque" assim nomeados por Bandeira de Mello[11] que se trata dos princípios da supremacia do interesse público e da indisponibilidade e, por fim, dos princípios administrativos expressos na Constituição.

2.1 PRINCÍPIOS IMPLÍCITOS QUE COMPÕEM O REGIME JURÍDICO-ADMINISTRATIVO

A existência no ordenamento jurídico de determinados princípios que, embora não enunciados em nenhum texto legal, desempenham papel importante no processo de interpretação e aplicação do direito[12]. Tem-se que o direito administrativo, por ser uma espécie do gênero de direito público, reproduz em si as características do regime jurídico de direito público acrescido das especificidades que o diferencia dos demais ramos públicos.

11 BANDEIRA DE MELLO, Celso Antônio. *Curso de Direito Administrativo*. 32. ed. São Paulo: Malheiros, 2015. p. 55.

12 GRAU, Eros Roberto. *A ordem constitucional na Constituição de 1988*. 18. ed. São Paulo: Malheiros, 2017. p. 149.

Este conjunto de princípios e regras que compõe o regime administrativo pode ser classificado de diferentes formas dependendo do doutrinador escolhido. No presente trabalho destacar-se-á os princípios gerais implícitos da razoabilidade e o da proporcionalidade.

O princípio da razoabilidade institui a exigência de racionalidade, equilíbrio e sensatez no exercício da função administrativa[13], impondo a Administração limitações em sua esfera de discricionariedade, permitindo o controle de sua legitimidade. Isso se dá porque o exame da razoabilidade não se confunde com o exame do mérito administrativo que em respeito ao princípio da separação dos poderes, não pode ser modificado pelo judiciário quando da apreciação de um ato discricionário do Executivo. O ato desarrazoado é ilegítimo por ser arbitrário, pois atua fora dos limites estabelecidos em Lei, com excesso de poder.

Já em relação ao princípio da proporcionalidade, institui a vedação do excesso na atividade administrativa, em linhas gerais pode-se conceituar como a adequação entre o fato gerador e a consequência lógica que dele decorre, conforme previa previsão legal. Tem-se, portanto, que procede do princípio da legalidade. Nas palavras de Bandeira de Mello[14]:

> Deveras, a lei outorga competências em vista de certo fim. Toda demasia, todo excesso desnecessário ao seu atendimento, configura uma superação do escopo normativo. Assim, a providência administrativa mais extensa ou mais intensa do que o requerido para atingir o interesse público insculpido na regra aplicada é inválida, por consistir em um transbordamento da

13 ZANCANER, Weida. Razoabilidade e moralidade na constituição de 1988. *Revista Trimestral de Direito Público*. v. 2. São Paulo, Malheiros, abr./jun. de 1993. p. 206.

14 BANDEIRA DE MELLO, Celso Antônio. *Curso de Direito Administrativo*. 32. ed. São Paulo: Malheiros, 2015. p. 82.

> finalidade legal. Daí que o Judiciário deverá anular os atos administrativos incursos neste vício ou, quando possível, fulminar apenas aquilo que seja caracterizável como excesso.

Como se aduz, os atos praticados de forma desproporcional são nulos e devem ser declarados pela administração no uso do poder de autotutela ou pelo judiciário como nulos. Assim, tal princípio tem como objetivo conter a reação da Administração pública diante de determinadas situações, visto que é detentora do poder de polícia e alguns de seus atos são dotados do atributo da imperatividade.

2.2 PRINCÍPIO DA SUPREMACIA DO INTERESSE PÚBLICO SOBRE O PRIVADO

Na Constituição Federal a partir do art. 1º, caput, o art. 3º, o art. 193, e o art. 170, caput é possível identificar os contornos deste princípio, contudo ele não está de forma explícita sedimentado. O conteúdo jurídico da supremacia do interesse público consiste no pressuposto lógico de que os interesses individuais não podem ser superiores aos interesses públicos, pois estes são supremos, ou seja, superiores a aqueles, nesse sentido Bandeira de Mello[15]:

> Trata-se de verdadeiro axioma reconhecível no moderno direito público. Proclama a superioridade do interesse da coletividade, firmando a prevalência dele sobre o do particular, como condição, até mesmo, da sobrevivência e asseguramento deste último. É pressuposto de uma ordem social estável, em que todos e cada um possam sentir-se garantidos e resguardados.

---

15 BANDEIRA DE MELLO, Celso Antônio. *Curso de Direito Administrativo*. 32. ed. São Paulo: Malheiros, 2015. p. 70.

Portanto, estabelece as bases das prerrogativas da Administração Pública necessárias para o alcance de suas finalidades previstas pelo Constituinte originário. Dentre as premissas pode-se aferir a presunção de veracidade e legitimidades dos atos administrativos que determinam que são verdadeiros e estão em conformidade com a Lei os motivos que justificam a manifestação de vontade unilateral da administração, até que se prove o contrário, prazos especiais para apresentar resposta em juízo, face a arquitetura burocrática de sua organização administrativa, dentre outros.

Aqueles que exercem a função administrativa, ou seja, os poderes executivos, de forma típica, o judiciário e o legislativo, de forma atípica, de qualquer um dos entes políticos, devem estar subordinados a satisfazer o interesse público, utilizando-se para tanto das prerrogativas conferidas pela Constituição para tanto. Prerrogativas essas que se traduzem em poderes especiais os quais possibilitam a sua atuação, impondo limites aos interesses dos particulares. Assim aduz Bandeira de Mello[16]:

> A posição de supremacia, extremamente importante, é muitas vezes metaforicamente expressada através da afirmação de que vigora a verticalidade nas relações entre Administração e particulares; ao contrário da horizontalidade, típica das relações entre estes últimos.

Dele decorre diretamente o poder de polícia concedido a Administração no qual pode criar condições ou restrições aos particulares em geral no usufruto de bens, direitos e atividades sob o pressuposto de proteção geral do interesse público.

16 BANDEIRA DE MELLO, Celso Antônio. *Curso de Direito Administrativo*. 32. ed. São Paulo: Malheiros, 2015. p. 71.

Por interesse público, pode-se afirmar que representa a dimensão pública da soma dos interesses individuais que se encontra dentro dos limites dos princípios que compõe o regime jurídico-administrativo.

2.3 PRINCÍPIO DA INDISPONIBILIDADE DO INTERESSE PÚBLICO

Como se afere no item anterior, verifica-se que o interesse público ocupa uma posição de superioridade em relação ao privado. Contudo, apesar ocupar essa posição o gestor público não pode utilizá-lo para atingir outro fim que não seja aqueles colimados pela Constituição.

Para tanto, impôs como consectário do princípio da supremacia o princípio da indisponibilidade do interesse público que consiste na vedação do agente público em se valer de seus interesses individuais para determinar o modular o interesse público, de forma que o dever e a finalidade se tornam predominantes no domínio da vontade pública, estes diretamente vinculados ao princípio da reserva legal. Veja-se o que Bandeira de Mello[17] ensina sobre o assunto:

> A indisponibilidade dos interesses públicos significa que sendo interesses qualificados como próprios da coletividade – internos ao setor público – não se encontram à livre disposição de quem quer que seja, por inapropriáveis. O próprio órgão administrativo que os representa não tem disponibilidade sobre eles, no sentido de que lhe incumbe apenas curá-los – o que é também um dever – na estrita conformidade do que predispuser a *intentio legis*.

17 BANDEIRA DE MELLO, Celso Antônio. Curso de direito administrativo. 32. ed. São Paulo: Malheiros, 2015. p. 76.

Também é princípio implícito, na Constituição pode ser identificado por meio de preceitos constantes no art. 5º, caput, II, LIV e LV, § 1º e § 2º, e o art. 37, *caput*, e § 6º. Considerando que todo poder emana do povo[18] e tem como destinatário o próprio povo, que com fundamento na Constituição e por meio de seus representantes democraticamente eleitos para compor o poder legislativo exercem a função legislativa inovando no ordenamento jurídico por meio de leis que estabelecem os bens e os interesses da administração. Dessa forma, percebe-se que o interesse público não se acha livre a vontade do administrador, ao contrário, encontra-se indisponível, restrito a Lei. Assim, como a atividade administrativa é subordinada à Lei, cabe ao administrador o dever de tutela do interesse público no modo e finalidade previstos pelo Poder Legislativo.

2.4 PRINCÍPIOS ADMINISTRATIVOS CONSTITUCIONALMENTE EXPRESSOS

O poder constituinte originário estabeleceu que a administração pública direta e indireta de qualquer dos poderes da União, Estados, Distrito Federal e Municípios deve obediência aos princípios da legalidade, impessoalidade, moralidade e publicidade. Posteriormente, através da Emenda Constitucional nº 19/98 (conhecida como "reforma administrativa") foi incluso o princípio da eficiência, formando-se assim as diretrizes constitucionais expressas que garantem a coerência de todo o ordenamento jurídico[19].

---

18 Esse enunciado constitucional tem a seguinte redação: Art. 1º, Parágrafo único. Todo o poder emana do povo, que o exerce por meio de representantes eleitos ou diretamente, nos termos desta Constituição.

19 ROCHA FRANÇA, Vladimir da. Eficiência administrativa na Constituição Federal. *Revista de Direito Administrativo*, Rio de Janeiro, v. 220. p. 166, abr. 2000. Disponível em: http://bibliotecadigital.fgv.br/ojs/index.php/rda/article/view/47532. Acesso em: 28 nov. 2019.

Dessa forma, a Constituição tem exposto em seu texto os princípios que devem nortear o administrador no exercício da função administrativa. Pois, não segue a Administração critérios próprios para a busca da finalidade pública predeterminada para a situação jurídica individual. Se carece de vontade individual, inexiste liberdade e inexiste livre arbítrio para o administrador da coisa alheia[20].

Além do mais, o respaldo constitucional visa a manutenção da segurança jurídica tanto para o administrado quanto para o Administrador, por meio da previsibilidade das ações e dos resultados esperados. Para tanto, será examinado os princípios expressos no art. 37, caput[21] nos itens que se segue.

2.4.1 Princípio da legalidade

Em estrita observância a ordem dos princípios expressos no *caput* do art. 37 da Constituição, tem-se o princípio da legalidade que também está previsto no Título II dos direitos e garantias fundamentais, especificamente no art. 5º, II onde ninguém será obrigado a fazer ou deixar de fazer alguma coisa senão em virtude de lei. O princípio da legalidade administrativa prescreve que os administrados poderão fazer ou deixar de fazer, junto a administração pública, sem o seu consentimento, aquilo que a Lei em sentido estrito determine[22] e em

20 ROCHA FRANÇA, Vladimir da. *Invalidação judicial da discricionariedade administrativa:* no regime jurídico-administrativo brasileiro. Rio de janeiro: Forense, 2000. p. 64.

21 Esse enunciado constitucional tem a seguinte redação: "Art. 37. A administração pública direta e indireta de qualquer dos Poderes da União, dos Estados, do Distrito Federal e dos Municípios obedecerá aos princípios de legalidade, impessoalidade, moralidade, publicidade e eficiência e, também, ao seguinte".

22 ROCHA FRANÇA, Vladimir da. Princípio da legalidade administrativa e competência regulatória no regime jurídico-administrativo brasileiro. *Revista de informação legislativa*, v. 51, n. 202, p. 7-29, abr./jun. 2014. Disponível em: https://www2.senado.leg.br/bdsf/handle/id/503034. Acesso em: 28 nov. 2019.

um sentindo amplo quando tem por finalidade reduzir as opções do poder público no exercício de sua competência discricionária.

Na visão de Bandeira de Mello[23], ao contrário do administrador público, o particular tem liberdade de agir em tudo que a Lei não proíba. Gerir a coisa pública, administrar, é prover aos interesses públicos em conformidade com os meios e formas prescritos previamente pela Lei, daí os limites impostos ao administrador de agir somente sob amparo legal.

Para Di Pietro[24], é pela observância desse princípio que são modelados todos os institutos inerentes ao direito administrativo, os atos, os contratos, os procedimentos, as funções, as competências dos órgãos e entidades administrativas, tudo tem que ser definido e delimitado por lei.

2.4.2 Princípio da impessoalidade

Na sequência, tem-se o princípio da impessoalidade, Sundfield[25] explica que por impessoalidade se entende que os atos da Administração devem tratar com isonomia as pessoas e dirigir-se a fins públicos impessoais por natureza.

---

23 BANDEIRA DE MELLO, Celso Antônio. *Curso de Direito Administrativo*. 32. ed. São Paulo: Malheiros, 2015. p. 108.

24 DI PIETRO, Maria Sylvia Zanella. *Princípio da legalidade*. Enciclopédia jurídica da PUC-SP. Celso Fernandes Campilongo, Álvaro de Azevedo Gonzaga e André Luiz Freire (coord.). Tomo: Direito Administrativo e Constitucional. Vidal Serrano Nunes Jr., Maurício Zockun, Carolina Zancaner Zockun, André Luiz Freire (coord. de tomo). 1. ed. São Paulo: Pontifícia Universidade Católica de São Paulo, 2017. Disponível em: https://enciclopediajuridica.pucsp.br/verbete/86/edicao-1/principio-da-legalidade

25 SUNDFIELD, Carlos Ari. *Fundamentos de direito público*. 5. ed. São Paulo: Malheiros, 2014. p. 108

Indo além, Bandeira de Mello[26] ensina que para além de tratar todos os administrados sem discriminações, sejam elas benéficas ou não, nem favoritismo nem perseguições são toleráveis. Simpatias ou animosidades pessoais, políticas ou ideológicas não podem interferir na consecução do fim público.

De outra forma Silva[27] entende que o princípio da impessoalidade significa que os atos e provimentos administrativos são imputáveis ao órgão ou a entidade administrativa e não ao funcionário, por ser mero agente, de forma a não personalizar a vontade do Estado como forma de capricho ou promoção pessoal, veja-se:

> Logo, as realizações administrativo-governamentais não são do funcionário ou autoridade, mas da entidade pública em nome de quem as produzira. A própria Constituição dá uma consequência expressa a essa regra, quando, no § 1º do art. 37, proíbe que constem nome símbolos ou imagens que caracterizem promoção pessoal de autoridades ou servidores públicos em publicidades de atos, programas, obras serviços e campanhas dos órgãos públicos.

Tem-se, portanto, que a impessoalidade pode ser materializada tanto como o dever de tratar os administrados sem discriminações quanto a vedação a promoção pessoal de autoridades ou servidores públicos.

---

26 BANDEIRA DE MELLO, Celso Antônio. *Curso de direito administrativo*. 32. ed. São Paulo: Malheiros, 2015. p. 117.

27 SILVA, José Afonso da. *Curso de Direito Constitucional positivo*. 37. ed. São Paulo: Malheiros, 2014. p. 676.

2.4.3 Princípio da moralidade

Em busca de uma teoria pura do direito, Kelsen[28], propõe o afastamento do direito da ética na tentativa de isolar qualquer outro objeto da ciência jurídica que não seja o próprio direito. Contudo, quando a moral não consegue alcançar o equilíbrio social, o direito tenta resolver, dessa forma, tem-se que direito e moral se completam na resolução dos conflitos sociais, promovendo assim a estabilização pela implementação fática do direito positivo[29]. É nesse pressuposto que se baseia o regime jurídico-administrativo brasileiro.

O princípio da moralidade constitui o princípio jurídico que norteia a ética na atividade administrativa. Além da previsão expressa na Constituição, a Lei que regula o processo administrativo no âmbito na Administração pública Federal, Lei nº 9.784, de 29 de janeiro de 1999 em seu inciso IV, parágrafo único do art. 2º[30] exige que nos processos administrativos se observe os critérios de atuação dentro dos padrões éticos de probidade, decoro e boa-fé, todos decorrentes do dever de moralidade. Nesse sentido aduz Rocha França[31]:

28 KELSEN, Hans. *Teoria Pura do Direito*. Tradução de João Baptista Machado. 7. ed. São Paulo: Martins Fontes, 2006. p. 35-36.

29 LUHMANN, Niklas. *Sociologia do Direito II*. Trad. de: Gustavo Bayer. Rio de Janeiro: Tempo Brasileiro, 1985. p. 121: p. 121: "Com a positivação absoluta do direito atingiu-se um novo plano de funcionamento da sociedade mais completo e rico em alternativas seguindo as suas próprias condições de estabilidade"

30 Lei nº 9.784/99, Art. 2º A Administração Pública obedecerá, dentre outros, aos princípios da legalidade, finalidade, motivação, razoabilidade, proporcionalidade, moralidade, ampla defesa, contraditório, segurança jurídica, interesse público e eficiência. Parágrafo único. Nos processos administrativos serão observados, entre outros, os critérios de: V – Atuação segundo padrões éticos de probidade, decoro e boa-fé;

31 ROCHA FRANÇA, Vladimir da. Considerações sobre o controle de moralidade dos atos administrativos. *Revista Trimestral de Direito Público*, São Paulo, n. 27, 1999. p.63.

> O princípio constitucional geral da moralidade administrativa decorre da moralidade pública, implícita nos art. 5º, incisos LXVIII, LXIX e LXXIII, da Constituição vigente, entre os direitos e garantias fundamentais do cidadão, e, por razão do art. 60, § 4º, do texto constitucional, elevada à condição de princípio constitucional fundamental (embora nem todas as cláusulas pétreas veiculem princípios fundamentais, eles são necessariamente cláusulas pétreas), sendo, por conseguinte, norma constitucional dotada de grau superior quando comparada aos demais princípios e regras constitucionais.

Para alcançar a efetividade deste princípio é preciso que tanto o Administrador quanto o particular atuem em conformidade com os padrões éticos de comportamento. Tal princípio tem como ideia central, a vedação de comportamentos que, apesar de legítimos em decorrência da discricionariedade conferida pela Lei, contrariem padrões éticos vigente na sociedade. Dessa forma, violá-lo significa violar o próprio direito, configurando ilicitude equiparada a conduta viciada a invalidação[32].

Nesse sentido, Freitas[33] ensina que:

> O princípio da moralidade, no campo administrativo, não há de ser entendido como singelo conjunto de regras deontológicas extraídas da disciplina interna da Administração. Na realidade, é extremamente mais: diz com os padrões éticos de uma determinada sociedade, de acordo com os quais não se admite a universalização de máximas de conduta que possam fazer parecer os liames sociais.

---

32 BANDEIRA DE MELLO, Celso Antônio. *Curso de Direito Administrativo*. 32. ed. São Paulo: Malheiros, 2015. p. 123.

33 FREITAS, Juarez. *O Controle dos Atos Administrativos e os Princípios Fundamentais*. São Paulo: Malheiros, 1997. p. 69.

É oportuno destacar ainda a lição de Di Pietro[34]:

> Em resumo, sempre que em matéria administrativa se verificar que o comportamento da Administração ou do administrado que com ela se relaciona juridicamente, embora em consonância com a lei, ofende a moral, os bons costumes, as regras de boa administração, os princípios de justiça e de equidade, a ideia comum de honestidade, estará havendo ofensa ao princípio da moralidade administrativa.

Tanto é que o inciso IX do art. 116 da Lei nº 8.112, de 11 de dezembro de 1990 que dispõe sobre o regime jurídico dos servidores públicos civis da União, das autarquias e das fundações públicas federais impõe como dever a ser observado pelo servidor manter conduta compatível com a moralidade administrativa[35].

2.4.4 Princípio da publicidade

O princípio da publicidade é de grande importância no ordenamento jurídico, ele se relaciona, assim como o princípio da moralidade, diretamente com o princípio republicano à medida que permite aos cidadãos que tome ciência dos atos praticados pelo poder público, uma vez que toda a razão de ser do Estado é externa, tudo que nele se passa e se faz tem uma direção exterior[36].

---

34 DI PIETRO, Maria Sylvia Zanella. *Direito administrativo.* 32. ed. Rio de Janeiro: Forense, 2019. p. 235.

35 Lei nº 8.112/90, art. 116. São deveres do servidor: IX – manter conduta compatível com a moralidade administrativa;

36 SUNDFIELD, Carlos Ari. *Fundamentos de direito público.* 5. ed. São Paulo: Malheiros, 2014. p. 177.

Consiste a publicidade no dever do Estado de exteriorizar seus atos, além de ser um requisito de validade intrínseco ao próprio ato, no dever de noticiar os fatos, de se franquear ao conhecimento público. Na Lição de Silva[37]:

> A publicidade sempre foi tida como um princípio administrativo, porque se entende que o Poder Público, por ser público, deve agir com a maior transparência possível, a fim de que os administrados tenham, a toda hora, conhecimento do que os administradores estão fazendo. Especialmente exige-se que se publiquem atos que devam surtir efeitos externos, fora dos órgãos da Administração.

Sem a observância da publicitada não há como vincular a conduta do administrado. O princípio impõe que todos os atos administrativos devem ser públicos. Dessa forma, não se permite, em regra, sem a devida motivação, que a Administração pratique ações sigilosas, salvo os casos imprescindíveis à segurança da sociedade e do Estado[38] e outros previstos na própria Constituição.

2.4.5 Princípio da eficiência

Por fim, o princípio da eficiência, o último acréscimo ao rol dos princípios expressos que deve obediência a Administração Pública. Acréscimo por meio da Emenda Constitucional nº 19/98, com o intuito de oferecer repostas às acusações feitas contra o poder público

37 SILVA, José Afonso da. *Curso de Direito Constitucional positivo.* 37. ed. São Paulo: Malheiros, 2014. p. 678.

38 Esse enunciado constitucional tem a seguinte redação: art. 5, inciso XXXIII – todos têm direito a receber dos órgãos públicos informações de seu interesse particular, ou de interesse coletivo ou geral, que serão prestadas no prazo da lei, sob pena de responsabilidade, ressalvadas aquelas cujo sigilo seja imprescindível à segurança da sociedade e do Estado

de corrupção, nepotismo, baixa qualidade dos serviços, estabilidade dos servidores como mordomia, salários exorbitantes etc[39].

À luz do ordenamento jurídico-administrativo, a eficiência é caracterizada quando a ação da administração atinge por meio de vias lícitas o fim lícito. Nesse sentido leciona Bandeira de Mello[40]:

> A Constituição se refere, no art. 37, ao princípio da eficiência. Advirta-se que tal princípio não pode ser concebido (entre nós nunca é demais fazer ressalvas óbvias) senão na intimidade do princípio da legalidade, pois jamais uma suposta busca de eficiência justificaria postergação daquele que é o dever administrativo por excelência.

Assim, a Administração na busca da eficiência não pode se utilizar de meios ilícios, por formas não previstas pelo Poder Legislativo no exercício da função legislativa, para atingir fins lícitos em nome da eficiência. Este princípio está relacionado a legalidade, a adequação entre o modo e finalidade devidamente prescrito em Lei.

Ademais, não basta atingir o fim lícito por meio lícito, é preciso que a Administração consiga materialmente tornar realidade o interesse público tutelado no caso concreto, caso contrário, embora a conduta seja legalmente eficaz, seria materialmente ineficaz, e gerando danos aos administrados é passível de responsabilização do Estado pela ineficiência, uma vez que sua responsabilidade é objetiva, conforme o texto constitucional.

---

39 ROCHA FRANÇA, Vladimir da. Eficiência administrativa na Constituição Federal. *Revista de Direito Administrativo*, Rio de Janeiro, v. 220, p. 168, abr. 2000. ISSN 2238-5177. Disponível em: http://bibliotecadigital.fgv.br/ojs/index.php/rda/article/view/47532. Acesso em: 28 nov. 2019.

40 BANDEIRA DE MELLO, Celso Antônio. *Curso de Direito Administrativo*. 32. ed. São Paulo: Malheiros, 2015. p. 126.

3
SILÊNCIO ADMINISTRATIVO

A omissão do Estado ainda é uma prática comum no cotidiano do administrado no sistema administrativo brasileiro. Isso se deve a diversos fatores, tantos internos quanto externos. Como se viu, a Emenda Constitucional nº 19/98 tentou com a constitucionalização do princípio da eficiência combater, dentre outras coisas, esse tipo de conduta perniciosa.

Calar-se quando se tem o dever legal de manifestar-se é o que caracteriza o silêncio administrativo e o difere do silêncio da administração. Ora, se a Lei obriga o Administrador em determinados casos a se manifestar é porque tal ato tem relevância na esfera jurídico-administrativa do administrado. Silenciar-se, portanto, é ferir garantia individual atribuída constitucionalmente, por meio art. 5º, XXXIII, XXXIV, LIV e LV[41], reforçadas pelo art. 48 e 49 da Lei Federal 9.784/1999.

---

41 Esses enunciados constitucionais têm a seguinte redação: art. 5º Todos são iguais perante a lei, sem distinção de qualquer natureza, garantindo-se aos brasileiros e aos estrangeiros residentes no País a inviolabilidade do direito à vida, à liberdade, à igualdade, à segurança e à propriedade, nos termos seguintes: XXXIII – todos têm direito a receber dos órgãos públicos informações de seu interesse particular, ou de interesse coletivo ou geral, que serão prestadas no prazo da lei, sob pena de responsabilidade, ressalvadas aquelas cujo sigilo seja imprescindível à segurança da sociedade e do Estado; XXXIV – são a todos assegurados, independentemente do pagamento de taxas: a) o direito de petição aos Poderes Públicos em defesa de direitos ou contra ilegalidade ou abuso de poder; b) a obtenção de certidões em repartições públicas, para defesa de direitos e esclarecimento de situações de interesse pessoal; LIV – ninguém será privado da liberdade ou de seus bens sem o devido processo

Como se aferiu no Capítulo 2, o Direito Administrativo pátrio tem sua gênese inspirada no Direito Administrativo Francês, o silêncio administrativo não foge à regra, tal problema foi identificado e combatido por meio do contencioso-administrativo como ver-se a seguir.

3.1 ORIGEM DA TEORIA DO SILÊNCIO ADMINISTRATIVO E SUA CONCEPÇÃO NO REGIME JURÍDICO-ADMINISTRATIVO BRASILEIRO

O silêncio administrativo teve origem no sistema contencioso-administrativo francês, ao impedir que as decisões tomadas no âmbito da administração fossem revistas pelo Tribunal Comum, sendo competente apenas o Tribunal Administrativo para julgar todas as reclamações dos administrados contra a administração[42], a tomada de decisão no âmbito da administração se torna crucial para que se acione a instancia jurisdicional administrativa.

Dessa forma, ante o perigo da omissão estatal, diante de não haver ato prévia a ser impugnado surge a figura do silêncio. Contudo, os efeitos jurídicos atribuídos ao silêncio só ocorreram por meio do Decreto Francês editado em 02 de novembro de 1864[43] assinado por Napoleão Bonaparte, especificamente no art. 7, que disciplina que quando as decisões tomadas pelos Ministros de Estado são impugnadas, devem elas ser respondidas dentro de 4 (quatro) meses

---

legal; LV – aos litigantes, em processo judicial ou administrativo, e aos acusados em geral são assegurados o contraditório e ampla defesa, com os meios e recursos a ela inerentes".

42 SADDY, André. *Silêncio administrativo no direito brasileiro.* Rio de Janeiro: Forense, 2013.

43 BONAPARTE Louis-Napoléon, Rouher Eugène. Décret relatif aux recours et pourvois devant le Conseil d'État. *Bulletin administratif de l'instruction publique.* Tome 2 n°45, 1864. pp. 483-484. Disponível em: education.persee.fr/doc/baip_1254-0714_1864_num_2_45_16237. Acesso em: 07 jan. 2020.

após o recebimento, não o fazendo, o pedido será considerado negado e o administrativo pode apelar ao Tribunal Administrativo[44].

Posteriormente, em 17 de julho de 1900, o parlamento francês publica a Lei que estende o âmbito de aplicação do Decreto de 1864, de forma que agora a ausência de pronunciamento por parte da administração em geral, dentro de um prazo razoável, se caracterizaria como "inatividade formal" e teria como consequência a denegação do pedido ao administrado[45].

Recentemente, em 12 de novembro de 2013, os franceses modificaram os efeitos do silêncio administrativo, por meio da Promulgação da Lei n° 2013-1005 que autoriza o governo a simplificar as relações entre o ente público e o cidadão[46], diante da exigência de que a administração responda o mais eficientemente possível a seus pedidos, a administração possui novo prazo para se manifestar, de dois meses, diante de um requerimento administrativo, passado o prazo,

44 Tradução livre, art. 7: Quando os Ministros iniciam apelos contra as decisões de autoridades que lhes são subordinadas, sua decisão deve ser tomada dentro de quatro meses após o recebimento da denúncia ao Ministério. Se as peças forem subsequentemente produzidas pelo reclamante, o período será executado somente a partir da data de recebimento desses documentos. Após o término deste período, se nenhuma decisão for invocada, as partes poderão considerar sua reivindicação rejeitada e apelar ao Conseil d'Estat (Jurisdição Administrativa). Redação original: *Lorsque les ministres startuent sur des recours contre les déciosions d'autorités que leur sont subbordonnées, leur décision doit intervenir dans le délai de quatre mois à dater de la récepition de la réclamation au Ministère. Si des pièces sont produites ultérieurement par le réclamant, le délai ne court qu'à dater de la récepcion de ces pièces. Après l'expiration de ce delai, s'il n'est inververnu aucune décision, les parties peuvent considérer leur réclamation comme rejetée et se pourvior devante le Conseil d'Éstat.*

45 Tradução livre: "O silêncio da administração merece aceitação". Redação original: *Le silence de l'administration vaut acceptation: rapport d'évaluation de la loi du 12 novembre 2013.* relatório de avaliação da lei de 12 de novembro de 2013. Disponível em https://www.senat.fr/rap/r14-629/r14-6291.html. Acesso em: 12 dez. 2019.

46 FRANÇA. *LOI n° 2013-1005 du 12 novembre 2013 habilitant le Gouvernement à simplifier les relations entre l'administration et les citoyens.* Disponível em: https://www.legifrance.gouv.fr/affichTexte.do?cidTexte=JORFTEXT000028183023&categorieLien=id. Acesso em: 07 jan. 2020.

sem manifestação, ocorre a decisão implícita de aceitação do pedido. Veja-se:

> I. – Lei n 2000-321, de 12 de abril de 2000 sobre os direitos dos cidadãos nas suas relações com as administrações é alterado da seguinte forma:
> [...]
> 2 ° O artigo 21 tem a seguinte redação:
> "Art. 21. – I. – O silêncio mantido por dois meses pela autoridade administrativa em um pedido merece uma decisão de aceitação.
> "A lista de procedimentos para os quais o silêncio de uma solicitação constitui uma decisão de aceitação é publicada em um site reportado ao Primeiro Ministro. Menciona a autoridade a que o pedido deve ser endereçado, bem como o período no final do qual a aceitação é adquirida.
> "O primeiro parágrafo não é aplicável e, em derrogação, o silêncio mantido pela administração por dois meses vale a pena rejeitar a decisão:
> " 1° Quando o pedido não tender à adoção de uma decisão com o caráter de uma decisão individual;
> "2° Quando o pedido não fizer parte de um procedimento previsto em um texto legislativo ou regulamentar ou apresentar a natureza de uma reclamação ou recurso administrativo;
> "3° Se o pedido for de natureza financeira, exceto, em matéria de seguridade social, nos casos previstos em decreto;
> "4° Nos casos especificados por decreto no Conselho de Estado, em que uma aceitação implícita não seria compatível com o respeito dos compromissos internacionais e europeus da França, a proteção da segurança nacional, a proteção das liberdades e princípios valor constitucional e salvaguarda da ordem pública;

> "5° Nas relações entre as autoridades administrativas e seus agentes.[47] (tradução livre)

Como se observa essa inversão dos efeitos do silêncio de negativo para positivo "quem cala consente" possui várias exceções, dentre elas só se aplica a decisões de caráter individual, que façam parte de um procedimento previsto em um texto legislativo ou regulamentar apresentar a natureza de uma reclamação ou recurso administrativo, que não seja de natureza financeira, que não tenha implicações nos compromissos internacionais e europeus da França e que não tenha implicações para a proteção das liberdades e princípios constitucionais.

Essa mudança de paradigma ocorrida no direito francês demonstra a busca da eficiência no direito administrativo moderno, de modo que, é dever da administração se pronunciar em tempo hábil, dos respeitos aos prazos, para tanto deve ser mais eficiente em seus meios da apreciação de pedido para que não produza uma decisão implícita de aceitação do pedido em determinados casos.

Já no regime jurídico-administrativo brasileiro, a temática do silêncio é assunto menosprezado pela legislação e pela doutrina,

---

47 Redação original: *2° L'article 21 est ainsi rédigé: Art. 21.– I. – Le silence gardé pendant deux mois par l'autorité administrative sur une demande vaut décision d'acceptation. La liste des procédures pour lesquelles le silence gardé sur une demande vaut décision d'acceptation est publiée sur un site internet relevant du Premier ministre. Elle mentionne l'autorité à laquelle doit être adressée la demande, ainsi que le délai au terme duquel l'acceptation est acquise. « Le premier alinéa n'est pas applicable et, par dérogation, le silence gardé par l'administration pendant deux mois vaut décision de rejet: « 1° Lorsque la demande ne tend pas à l'adoption d'une décision présentant le caractère d'une décision individuelle ; 2° Lorsque la demande ne s'inscrit pas dans une procédure prévue par un texte législatif ou réglementaire ou présente le caractère d'une réclamation ou d'un recours administratif; « 3° Si la demande présente un caractère financier sauf, en matière de sécurité sociale, dans les cas prévus par décret ; « 4° Dans les cas, précisés par décret en Conseil d'Etat, où une acceptation implicite ne serait pas compatible avec le respect des engagements internationaux et européens de la France, la protection de la sécurité nationale, la protection des libertés et des principes à valeur constitutionnelle et la sauvegarde de l'ordre public ; « 5° Dans les relations entre les autorités administratives et leurs agentes.* Disponível em: https://www.legifrance.gouv.fr/affichTexte.do?cidTexte=JORFTEXT000028183023&categorieLien=id. Acesso em: 07 jan. 2020.

por adotar um sistema administrativo inspirado no sistema inglês de jurisdição única exercida pelo Poder Judiciário munido do princípio da inafastabilidade, o silêncio costuma ser enfrentado sob o pressuposto do direito de petição.

A Constituição Federal garante, em seu art. 5º, XXIV, *a*, independente do pagamento de taxas, "o direito de petição aos Poderes Públicos em defesa de direitos ou contra ilegalidade ou abuso de poder". Ademais, com a inserção pela EC nº 45/2004 do inc. LXXVIII no art. 5º da Constituição Federal, surge para o administrado o direito à razoável duração do processo judicial e administrativo.

No âmbito infraconstitucional, especificamente em relação a Administração pública Federal, não há em sua Lei de Processo Administrativo nº 9.784, de 29 de janeiro de 1999 qualquer referência a omissão da Administração e seus efeitos. O que há, na verdade, no parágrafo único do art. 19[48], em relação a omissão, diz respeito a autoridade ou servidor que no dever de comunicar o impedimento a autoridade competente e não o faz e no parágrafo único do art. 39[49], quando o administrado, durante a instrução processual não atende a intimação emitida pela administração.

No âmbito Estadual, há alguns Estado como o de São Paulo, Mato Grosso e Rio Grande do Norte tratam desse instituto dentre os quais se destaca o Estado potiguar em que o instituto do silêncio por ele desenhado é o objeto de estudo deste trabalho acadêmico.

---

48 Lei nº 9.784/99, Art. 19. A autoridade ou servidor que incorrer em impedimento deve comunicar o fato à autoridade competente, abstendo-se de atuar. Parágrafo único. A omissão do dever de comunicar o impedimento constitui falta grave, para efeitos disciplinares

49 Lei nº 9.784/99, Art. 39. Quando for necessária a prestação de informações ou a apresentação de provas pelos interessados ou terceiros, serão expedidas intimações para esse fim, mencionando-se data, prazo, forma e condições de atendimento. Parágrafo único. Não sendo atendida a intimação, poderá o órgão competente, se entender relevante a matéria, suprir de ofício a omissão, não se eximindo de proferir a decisão.

No Estado de São Paulo, o art. 33[50] da Lei Estadual nº 10.177, de 30 de dezembro de 1998, que regula o processo administrativo prevê que o prazo máximo para qualquer decisão de requerimento apresentado à Administração do Estado será de 120 dias, se outro não for legalmente estabelecido. Ultrapassado o prazo sem decisão, o interessado poderá considerar rejeitado o requerimento na esfera administrativa, salvo previsão legal ou regulamentar em contrário ou em virtude da complexidade da questão envolvida. Contudo, mesmo após o prazo para apreciação não se desonera a autoridade do dever de decidir.

A mesma redação impera no Estado de Mato Grosso, no art. 37[51] da Lei Estadual nº 7.692, de 01 de julho de 2002, que regula o processo administrativo no âmbito da administração pública estadual. Já no Estado do Rio Grande do Norte, a solução encontrada difere dos acima mencionados, contudo, o conteúdo será tratado com o detalhamento que exige capítulo 4 deste trabalho acadêmico.

Quanto a doutrina Brasileira, em sua maioria, trata da matéria como um apêndice a teoria do ato administrativo e sua diferenciação

50 Lei Estadual nº 10.177/98-SP, Art. 33 – O prazo máximo para decisão de requerimentos de qualquer espécie apresentados à Administração será de 120 (cento e vinte) dias, se outro não for legalmente estabelecido. § 1.º – Ultrapassado o prazo sem decisão, o interessado poderá considerar rejeitado o requerimento na esfera administrativa, salvo previsão legal ou regulamentar em contrário. § 2.º – Quando a complexidade da questão envolvida não permitir o atendimento do prazo previsto neste artigo, a autoridade cientificará o interessado das providências até então tomadas, sem prejuízo do disposto no parágrafo anterior. § 3.º – O disposto no § 1° deste artigo não desonera a autoridade do dever de apreciar o requerimento.

51 Lei Estadual nº 7.692/02-MT, Art. 37 O prazo máximo para decisão de requerimentos de qualquer espécie apresentados à Administração Pública Estadual será de 120 (cento e vinte) dias, se outro não for legalmente estabelecido. § 1° Ultrapassado o prazo sem decisão, o interessado poderá considerar rejeitado o requerimento na esfera administrativa, salvo previsão legal em contrário. § 2° Quando a complexidade da questão envolvida não permitir o atendimento do prazo previsto neste artigo, a autoridade cientificará o interessado das providências até então tomadas, sem prejuízo do disposto no parágrafo anterior. § 3° O disposto no § 1º deste artigo não desonera a autoridade do dever de apreciar o requerimento.

do fato administrativo, uma vez que para a doutrina majoritária ato é manifestação unilateral de vontade da administração no exercício das prerrogativas de direito público, sendo o silêncio uma omissão, pois quem silencia nada diz, tem-se por silêncio como um ato administrativo por ficção jurídica, ato presumido[52], fingindo-se a existência de uma ato expresso apto a produzir efeitos.

Dessa forma, por ser considerado um ato, aplica-se a ele, o regime jurídico-administrativo dos atos administrativo e consequentemente sua natureza jurídica.

3.2 CONCEITO, TIPOLOGIA E EFEITOS DO SILÊNCIO ADMINISTRATIVO

Neste item serão traçados os contornos da conceituação segundo o entendimento da doutrina majoritária do silêncio administrativo, como também os requisitos para sua caracterização, extraídos da obra de Saddy[53].

No tocante a tipologia, analisar-se-á o posicionamento dos autores que consideram o silêncio como ato administrativo, fato administrativo ou ato-fato administrativo, levando em consideração os requisitos para configuração do silêncio.

Por fim, uma breve análise dos efeitos oriundos da configuração do silêncio atribuídos pela lei tais como positivo, negativo e o translativo.

52 SADDY, André. *Silêncio administrativo no direito brasileiro.* Rio de Janeiro: Forense, 2013. p. 62.

53 *Ibid.*

3.2.1 Conceito do silêncio administrativo

Preliminarmente, cumpre diferenciar o conceito do silêncio administrativo do silêncio da administração, bem como da manifestação indireta de vontade, com a ausência de vontade ou vontade presumida.

Nem todo silêncio da administração configura um silêncio administrativo, mas todo silêncio administrativo é um silêncio da administração. Temos que silêncio da administração é gênero do qual silêncio administrativo é uma das espécies, isso porque um dos requisitos para caracterizar o silêncio é a omissão qualificada, em outras palavras, é a omissão diante do dever legal de decidir.

Esta omissão qualificada pelo dever legal de decidir também não se confunde com a manifestação indireta de vontade que se verifica quando a Administração deixa de manifestar-se formal e especificamente sobre certa questão, mas adota condutas indicativas, de modo indireto e inquestionável da existência da vontade em determinado sentido.

A vontade da administração nunca será ausente, pois advém da Constituição Federal que a atribuiu diversas tarefas e prerrogativas constitucionais para perseguir o interesse público, dessa forma a vontade da administração sempre será a de concretizar o interesse público descrito pelo poder constituinte originário.

Assim, quando a administração é omissa diante do dever de decidir não o é por ausência de vontade, mas por outros fatores que impedem o administrador de se manifestar, seja a burocracia do dia-a-dia, ausência de servidores, excesso de demanda, ineficiência ou mesmo porque assim deseja. Contudo, não pode o administrado ficar refém de uma resposta aos seus pedidos diante da ineficiência administrativa, daí o Direito Administrativo a tipificar a figura do silêncio e seus efeitos em prol do administrado.

Para Bandeira de Mello, se a Administração não se pronuncia quando deve fazê-lo, seja porque foi provocada por administrado que postula interesse próprio, seja porque um órgão tem de pronunciar-se para fins de controle de ato de outro órgão, está-se perante o silêncio administrativo[54].

Em linhas gerais pode-se conceituar o silêncio como uma solução tipificada pelo Direito Administrativo como garantia ao administrado diante de uma omissão estatal específica frente ao dever legal de decidir, de ter seu pedido deferido ou indeferido após o transcurso de um prazo razoável de tempo para que a Administração se manifeste, acarretando uma decisão ficta que gera efeitos jurídicos-processuais em prol do administrado.

Dessa forma, pode-se extrair do conceito do silêncio administrativo os seguintes requisitos para sua caracterização, conforme os ensinamentos de Saddy[55]:

> 1. A existência de procedimento administrativo iniciado de ofício ou pelo interessado.
> 2. O vencimento do prazo máximo sinalizado pela norma jurídica, decisão judicial ou documento contratual que estabelece o silêncio, sem que a Administração conteste expressamente.
> 3. A necessidade de uma disposição expressa que preveja o efeito do silêncio administrativo.

Ademais, vale ressaltar, que a omissão do Administrador Público quando deve, por exigência legal, se manifestar, configura

54 BANDEIRA DE MELLO, Celso Antônio. *Curso de Direito Administrativo*. 32. ed. São Paulo: Malheiros, 2015. p. 421.

55 SADDY, André. Responsabilidade por inatividade da Administração Pública: um estudo específico do silêncio administrativo. *Revista de Direito Administrativo e Constitucional. Belo Horizonte*, ano 16, n. 65. p. 113.

abuso de poder na modalidade omissão, o que torna a conduta ilícita e anulável. Em determinados casos, se configurada a intenção de não praticar o ato configura-se inclusive o crime de prevaricação.

3.2.2 Tipologia do silêncio: ato, fato ou ato-fato jurídico

Como viu-se, o silêncio é uma espécie de omissão da administração qualificada pela obrigação legal de se manifestar. O ponto crucial para que determinados autores classifique o silêncio ora como ato, ora como fato, ora como ato-fato está no discernimento se a administração se mante omissa porque assim manifestou ou não.

Considerando a distinção entre ato e fatos jurídicos elaborada por Bandeira de Mello[56], o ato administrativo é uma espécie de ato jurídico cujos efeitos emanam na esfera administrativa, por ser ato aloca-se dentro do gênero fato jurídico, que por ele é definido como qualquer acontecimento a que o Direito imputa e enquanto imputa efeitos jurídicos, *in verbis:*

> O fato jurídico, portanto, pode ser um evento material ou uma conduta humana, voluntária ou involuntária, preordenada ou não a interferir na ordem jurídica. Basta que o sistema normativo lhe atribua efeitos de direito para qualificar-se como um fato jurídico.

Por sua vez, por ato administrativo, tem-se como uma manifestação de vontade emitida unilateralmente pela administração no exercício de sua função típica, a administrativa, utilizando-se das prerrogativas constitucionalmente conferidas, supremacia e indisponibilidade do interesse público, visando concretizá-lo.

56 BANDEIRA DE MELLO, Celso Antônio. *Curso de Direito Administrativo*. 32. ed. São Paulo: Malheiros, 2015. p. 379.

Portanto, vê-se o difere ato e fato não são seus efeitos, no caso dentro da seara administrativa, mas sim a existência ou não de um comportamento humano preordenado e voluntário a desencadear efeitos.

Para os doutrinadores que defendem que o silêncio é um fato administrativo, dentre os quais, destaca-se Bandeira de Mello[57], ensina que:

> Na verdade, o silêncio não é ato jurídico. Por isto, evidentemente, não pode ser ato administrativo. Este é uma declaração jurídica. Quem se absteve de declarar, pois, silenciou, não declarou nada e por isto não praticou ato administrativo algum. Tal omissão é um "fato jurídico" e, *in casu*, um "fato jurídico administrativo".

Tomando como ponto de diferenciação entre ato e fato a declaração expressa de vontade, quem silencia não emite vontade alguma, portanto, não pode ser classificada como um ato, mas sim como um fato de omissão da administração. Assim, mesmo que a Lei atribua efeitos ao silêncio, este decorrerá do fato da omissão e não de um ato administrativo presumido.

Para Rocha França[58], a omissão qualificada da Administração é mais bem definida como um ato-fato administrativo, veja-se:

---

57 BANDEIRA DE MELLO, Celso Antônio. *Curso de Direito Administrativo*. 32. ed. São Paulo: Malheiros, 2015. p. 422.

58 ROCHA FRANÇA, Vladimir da. *Princípio da motivação no direito administrativo*. Enciclopédia jurídica da PUC-SP. Celso Fernandes Campilongo, Álvaro de Azevedo Gonzaga e André Luiz Freire (coord.). Tomo: Direito Administrativo e Constitucional. Vidal Serrano Nunes Jr., Maurício Zockun, Carolina Zancaner Zockun, André Luiz Freire (coord. de tomo). 1. ed. São Paulo: Pontifícia Universidade Católica de São Paulo, 2017. Disponível em: https://enciclopediajuridica.pucsp.br/verbete/124/edicao-1/principio-da-motivacao-no-direito-administrativo. Acesso em: 16 dez. 2019.

> O silêncio administrativo se enquadra, no melhor das hipóteses, como ato-fato administrativo. No ato-fato administrativo, há uma conduta comissiva ou omissiva da Administração, na qual a consciência da vontade é considerada irrelevante, à qual se associa um efeito jurídico. Nessa espécie de fato jurídico, não se examina a validade, mas tão somente sua existência e eficácia, sem prejuízo de seu enquadramento como lícito ou ilícito.

Para ele, caso o silêncio produza efeitos positivos em favor do administrado, aplicar-se-ia o art. 111[59] do Código Civil, podendo ser provocada a Administração para que motive a *posteriori* o ato-fato pela via administrativa ou judiciária assim como nos casos de efeitos negativos.

A respeito dos efeitos que irradiam do silêncio da Administração, sejam eles positivo, negativos ou mesmo translativos, será estudo em mais detalhes no subitem a seguir.

3.2.3 Efeitos do silêncio administrativo: positivo, negativo e translativo

Quanto aos efeitos do silêncio administrativo, a doutrina classifica em três tipologias: efeitos positivos, efeitos negativos e translativos.

Por efeitos positivos entende-se que diante do dever de decidir, esgotado o prazo para que Administração se manifesta sobre o pedido, não o fazendo, o pedido é considerado deferido e o administrado pode exigir seu cumprimento. Como viu-se no capítulo da origem da teoria do silêncio, atualmente o sistema francês adota os efeitos positivos

---

59 Código Civil. Art. 111. O silêncio importa anuência, quando as circunstâncias ou os usos o autorizarem, e não for necessária a declaração de vontade expressa.

para o silêncio com o objetivo de alcançar maior eficiência e segurança jurídica.

No ordenamento jurídico-administrativo brasileiro, para que se configure efeitos positivos no silêncio é preciso, além da tipificação legal, para a possível provocação ao Poder Judiciário a demonstração das condições da ação, especificamente do interesse de agir. Desse modo, o administrado deve comprovar a utilidade, necessidade e adequação para que tenha seu pleito atendido em decorrência de uma silêncio positivo[60].

Quanto aos efeitos negativos do silêncio, é o contraposto do conceito positivo, ou seja, diante da omissão estatal específica, decorrido o prazo para que a administração decida, o pedido é considerado indeferido, restando ao administrado recorrer ao judiciário para buscar a pretensão exigida da Administração. Ou seja, os efeitos do silêncio administrativo negativo funcionam para produzir efeitos jurídicos-processuais, uma vez que permite o acesso ao judiciário e a definitividade do pleito por meio da coisa julgada, própria da função jurisdicional.

Entretanto, há situações em que não são possíveis a configuração dos efeitos negativos ou positivos ou silêncio, tais como complexidade da matéria, múltiplas implicações processuais ou materiais, gravidade das repercussões na comunidade, irreversibilidade dos efeitos práticos, fragilidade, escassez e relevância pública do bem jurídico. Destaca-se a conceituação de Modesto[61]:

---

60 SADDY, André. *Silêncio administrativo no direito brasileiro*. Rio de Janeiro: Forense, 2013. p. 33.

61 MODESTO, Paulo. Silêncio Administrativo Positivo, Negativo e Translativo: a omissão estatal formal em tempos de crise. *Revista de Direito do Estado*, n. 317, 2016, p. 89.

> Silêncio translativo é a sub-rogação, por deslocamento previsto em lei, da competência decisória ou opinativa de um órgão para outro na organização administrativa, independentemente de presunção de deferimento ou indeferimento da pretensão do particular, em razão de inatividade formal e antijurídica da Administração Pública. Há também aqui efeito substitutivo, não do ato administrativo primário, porém do órgão que deve emiti-lo. No silêncio translativo o órgão competente para decidir perde para outro órgão a competência para deliberar sobre o caso concreto ao deixar decorrer in albis o prazo previsto para seu pronunciamento, embora preserve a competência para todos os demais casos em que observe os prazos previstos para a decisão. Essa perda de poder, além das eventuais medidas de responsabilização funcional, constitui um incentivo ao cumprimento dos prazos previstos e ao mesmo tempo – embora sem resolver a questão de fundo – homenageia a segurança jurídica devida ao particular.

Tem-se, portanto, que os efeitos translativos do silêncio se consubstanciam no deslocamento da competência decisória quando configurada a omissão qualificada.

Noutro ponto, tem-se no direito privado uma perspectiva diversa a respeito do instituto do silêncio, uma vez que outros princípios inspiram suas relações, além de haver previsão legal expressa que trata de o instituto como ver-se no item a seguir.

3.3 O SILÊNCIO NO DIREITO PRIVADO

A incidência da regra jurídica é o que torna jurídicos os bens da vida[62]. Se essa incidência decorre de uma manifestação de vontade,

62 PONTES DE MIRANDA, Francisco Cavalcanti. *Tratado de Direito Privado*: parte especial – Direito das Obrigações. Tomo XXXII. São Paulo: Revista dos Tribunais, 2012. p. 22.

tem-se um ato jurídico, de outra forma, tem-se um fato jurídico, é assim que a melhor doutrina civilista conceitua fato e ato jurídico.

Nessa toada, Mello[63] define ato jurídico como sendo um fato que tem por elemento principal a manifestação ou declaração unilateral de vontade e cujos efeitos são prefixados pelas normas jurídicas, não cabendo às pessoas qualquer poder de escolha quanto a categoria jurídica ou estruturação das respectivas relações, ao contrário do se poderia depreender em se tratando de Direito Privado.

Além de fatos e ato, alguns autores ainda estudam o ato-fato jurídico ou ato real. Para Pontes de Miranda:

> Os atos reais, ditos, assim por serem mais dos fatos, das coisas, que dos homens – ou atos naturais, se separamos natureza e pisque, ou atos meramente externos, se assim os distinguimos, por abstraírem eles do que se passa no interior do agente – são atos-fatos jurídicos. Nem é preciso se dá entrada como fato jurídico, no mundo jurídico, sem se atender, portanto, à vontade dos agentes: são atos-fatos jurídicos. Nem é preciso que haja querido a juricização deles, nem, a fortiori, a irradiação de efeitos. Nos atos reais, a vontade não é elemento do suporte fático (= o suporte fático seria suficiente, ainda sem ela). Exemplos de atos reais. São os principais atos reais a) tomada de posse ou aquisição da posse, b) a transmissão da posse pela tradição; c) o abandono da posse; d) o descobrimento do tesouro; e) o descobrimento do tesouro; e) a especificação; f) a composição de obra cientifica, artística ou literária; g) a ocupação[64].

---

63 MELLO, Marcos Bernardes de. *Teoria do fato jurídico:* plano da existência. 7. ed. São Paulo: Saraiva, 1995. p. 137.

64 PONTES DE MIRANDA, Francisco Cavalcanti. *Tratado de Direito Privado*. 4. ed. São Paulo: RT, 1974, t. II, p. 373.

Para Paulo Lôbo:

> Os atos-fatos jurídicos são atos ou comportamentos humanos em que não houve vontade, ou, se houve, o direito não as considerou. Nos atos-fatos jurídicos a vontade não integra o suporte fático. É a lei que os faz jurídicos e atribui as consequências ou efeitos, independentemente de estes terem sido queridos ou não. O ato ou a vontade é esvaziada e é apenas levada para juridicização como fato; o ato dissolve-se no fato[65].

O Código Civil, Lei nº 10.406, de 10 de janeiro de 2002, atribui valor jurídico ao silêncio, por meio do ser art. 111, no título que trata do negócio jurídico, *in verbis:*

> Art. 111. O silêncio importa anuência, quando as circunstâncias ou os usos o autorizarem, e não for necessária a declaração de vontade expressa.

Como vê-se, a Lei atribui efeitos positivos ao silêncio, ou seja, "quem cala consente", mas apenas em determinadas situações, quando não se faz necessária a declaração de vontade expressa e quando as circunstâncias ou usos autorizarem.

A manifestação da vontade exerce papel importante no negócio jurídico, sendo seu elemento fulcral. O consentimento pode ser expresso ou tácito, quando resultar de um comportamento implícito do negociante que importe em anuência, quando as circunstâncias ou uso autorizarem.

A regra é que os negócios jurídicos contenham manifestação de vontade expressa. Sendo o silêncio e seus efeitos surgindo apenas

65 LÔBO, Paulo. *Direito Civil*: parte geral. São Paulo: Saraiva, 2009. p. 232.

em determinadas situações em que não se faz necessária a declaração de vontade.

Também a respeito da vontade, os art. 112, 113 e 114 do Código Civil[66] trazem regras fundamentais quanto a interpretação dos contratos, para tanto devem ser observados os textos legais por se tratar da análise da intenção das partes no negócio celebrado, o que diverge do cerne do presente estudo científico.

Vê-se, portanto, que tanto no Direito Público quanto no Direito Privado, em regra, o silêncio não produz efeitos, salvo se previa cominação legal o atribua e em determinadas circunstâncias.

Pontes de Miranda[67] ensina que o silêncio pode ser caracterizado nos negócios jurídicos bilaterais em que não exista a necessidade de aceitação expressa ou que seja aduzida por qualquer fato positivo que se possa interpretar como manifestação de vontade. Assim, o silêncio produzirá os efeitos jurídicos que a Lei o atribuiu.

66 Código Civil. Art. 112. Nas declarações de vontade se atenderá mais à intenção nelas consubstanciada do que ao sentido literal da linguagem. Art. 113. Os negócios jurídicos devem ser interpretados conforme a boa-fé e os usos do lugar de sua celebração. § 1º A interpretação do negócio jurídico deve lhe atribuir o sentido que: I – for confirmado pelo comportamento das partes posterior à celebração do negócio; II – corresponder aos usos, costumes e práticas do mercado relativas ao tipo de negócio; III – corresponder à boa-fé; IV – for mais benéfico à parte que não redigiu o dispositivo, se identificável; e V – corresponder à qual seria a razoável negociação das partes sobre a questão discutida, inferida das demais disposições do negócio e da racionalidade econômica das partes, consideradas as informações disponíveis no momento de sua celebração. § 2º As partes poderão livremente pactuar regras de interpretação, de preenchimento de lacunas e de integração dos negócios jurídicos diversas daquelas previstas em lei. Art. 114. Os negócios jurídicos benéficos e a renúncia interpretam-se estritamente.

67 PONTES DE MIRANDA, Francisco Cavalcanti. *Tratado de Direito Privado*: parte especial – Direito das Obrigações. Tomo XXXII. São Paulo: Revista dos Tribunais, 2012. p.88.

3.4 SILÊNCIO NA MOTIVAÇÃO DOS ATOS NORMATIVOS

Segundo Rocha França[68], os atos administrativos são atos jurídicos do Estado, expedidos numa posição de supremacia, que inserem regras jurídicas complementares à lei no sistema de direito positivo. Dentre as diversas espécies de atos, encontram-se aqueles que diante do poder regulamentar atribuído a Administração tem como função disciplinar o procedimento para que se proceda a fiel execução das leis, são eles os atos normativos.

A problemática se configura quando a Lei impõe a necessidade de motivação do ato normativo e a Administração mesmo após o decurso de um prazo razoável de tempo mantem-se inerte, configurando a situação do silêncio administrativo no ato normativo.

Em regra, os atos normativos prescindem de motivação, contudo se a Lei atribuir a necessidade da exposição dos pressupostos de fato e de direito que justificam a emissão do ato, tal requisito deve ser observado, sob pena de invalidade do ato normativo. Nesse ponto destaca-se o posicionamento de Rocha França:

> [...] Em rigor, a formulação da fundamentação do ato é feita após a operação mental da decisão, embora seja exteriorizada junto com o ato. Na motivação, a autoridade administrativa tratará de concatenar os elementos fáticos e jurídicos relevantes para construir uma argumentação hábil para convencer a comunidade jurídica sobre a validade e oportunidade do ato[69].

---

68 ROCHA FRANÇA, Vladimir da. *Estrutura e motivação do ato administrativo*. São Paulo: Malheiros, 2007.

69 ROCHA FRANÇA, Vladimir da. *Princípio da motivação no direito administrativo*. Enciclopédia jurídica da PUC-SP. Celso Fernandes Campilongo, Álvaro de Azevedo Gonzaga e André Luiz Freire (coord.). Tomo: Direito Administrativo e Constitucional. Vidal Serrano Nunes Jr., Maurício Zockun, Carolina Zancaner Zockun, André Luiz Freire (coord. de tomo). 1. ed. São Paulo: Pontifícia Universidade Católica de São Paulo, 2017.

Nessa toada, a obrigatoriedade da fundamentação do ato administrativo também consiste numa contrapartida da Administração diante das prerrogativas que o regime jurídico-administrativo lhe outorga e dos atributos que suas decisões recebem.

Preliminarmente, cumpre distinguir motivação de motivo, conforme Carvalho Filho:

> A despeito da divergência que grassa entre alguns autores a propósito dos conceitos de motivo e motivação, tem-se firmado a orientação que os distingue e pelo qual são eles configurados como institutos autônomos. Motivo, como vimos, é a situação de fato (alguns denominam de 'circunstâncias de fato') por meio da qual é deflagrada a manifestação de vontade da Administração, já a motivação, como bem sintetiza CRETELLA JR., 'é a justificativa do pronunciamento tomado', o que ocorre mais usualmente em atos cuja resolução ou decisão é precedida, no texto, dos fundamentos que conduziram à prática do ato. Em outras palavras: a motivação exprime de modo expresso e textual todas as situações de fato que levaram o agente à manifestação da vontade[70].

Como se aduz, motivo é a situação de fato, elemento indispensável para configuração de um ato administrativo. Já a motivação é a justificativa do pronunciamento tomado, exigível apenas quando a Lei impõe, nos termos da Lei nº 9.784/99:

> Art. 50. Os atos administrativos deverão ser motivados, com indicação dos fatos e dos fundamentos jurídicos, quando:

Disponível em: https://enciclopediajuridica.pucsp.br/verbete/124/edicao-1/principio-da-motivacao-no-direito-administrativo. Acesso em: 16 dez. 2019.

70 CARVALHO FILHO, José dos Santos. *Manual de Direito Administrativo*. Rio de Janeiro: Lúmen Juris, 2010. p. 125.

> I – neguem, limitem ou afetem direitos ou interesses;
> II – imponham ou agravem deveres, encargos ou sanções;
> III – decidam processos administrativos de concurso ou seleção pública;
> IV – dispensem ou declarem a inexigibilidade de processo licitatório;
> V – decidam recursos administrativos;
> VI – decorram de reexame de ofício;
> VII – deixem de aplicar jurisprudência firmada sobre a questão ou discrepem de pareceres, laudos, propostas e relatórios oficiais;
> VIII – importem anulação, revogação, suspensão ou convalidação de ato administrativo.
>
> §1º A motivação deve ser explícita, clara e congruente, podendo consistir em declaração de concordância com fundamentos de anteriores pareceres, informações, decisões ou propostas, que, neste caso, serão parte integrante do ato.
>
> §2º Na solução de vários assuntos da mesma natureza, pode ser utilizado meio mecânico que reproduza os fundamentos das decisões, desde que não prejudique direito ou garantia dos interessados.
>
> §3º A motivação das decisões de órgãos colegiados e comissões ou de decisões orais constará da respectiva ata ou de termo escrito.

Estabelecidas as distinções entre o motivo e a motivação, passa-se a enfrentar as consequências da ausência do silêncio na motivação dos atos normativos. Diante da exigência legal de motivação nas hipóteses elencadas no art. 50 da Lei de Processo Administrativo Federal e em outras situações que ela exigir, a omissão na demonstração de que os interesses públicos e individuais foram devidamente considerados pelo ente público quando da edição do ato acarreta sua invalidade[71].

Diante desse quadro, configura-se vício quando a formalização do ato[72]. Os defeitos nos elementos competência e forma dos atos administrativos, em regra, são convalidáveis, salvo nos casos de atos discricionários praticados por autoridade incompetente[73].

Assim, surge para o administrado o direito de exigir o devido provimento pela via jurisdicional, nesse sentido, Rocha França[74]

> Entendemos que, independentemente do conteúdo do ato normativo, qualquer cidadão tem o direito de requerer à Administração a exposição das razões de fato e de direito que justificaram sua emissão, ou, pelo menos, o acesso aos autos do procedimento administrativo que o precedeu. Caso haja recusa da Administração, é perfeitamente viável ao requerente pedir um provimento jurisdicional que determine a efetivação de um desses pedidos. A cidadania e a inexistência de qualquer constrangimento para a eficiência administrativa com o atendimento desses pleitos fornecem-nos um forte alicerce para esse entendimento. Sem se olvidar,

71 ROCHA FRANÇA, Vladimir da. *Princípio da motivação no direito administrativo*. Enciclopédia jurídica da PUC-SP. Celso Fernandes Campilongo, Álvaro de Azevedo Gonzaga e André Luiz Freire (coord.). Tomo: Direito Administrativo e Constitucional. 1. ed. São Paulo: Pontifícia Universidade Católica de São Paulo, 2017. Disponível em: https://enciclopediajuridica.pucsp.br/verbete/124/edicao-1/principio-da-motivacao-no-direito-administrativo. Acesso em: 16 dez. 2019.

72 Vide o art. 2º, "b", e parágrafo único, "b", da Lei Federal 4.717/1965.

73 ZANCANER, Weida. *Convalidação dos atos administrativos*. Enciclopédia jurídica da PUC-SP. Celso Fernandes Campilongo, Álvaro de Azevedo Gonzaga e André Luiz Freire (coord.). Tomo: Direito Administrativo e Constitucional. Vidal Serrano Nunes Jr., Maurício Zockun, Carolina Zancaner Zockun, André Luiz Freire (coord. de tomo). 1. ed. São Paulo: Pontifícia Universidade Católica de São Paulo, 2017. Disponível em: https://enciclopediajuridica.pucsp.br/verbete/8/edicao-1/convalidacao-dos-atos-administrativos. Acesso em: 16 dez. 2019.

74 ROCHA FRANÇA, Vladimir da. *Estrutura e motivação do ato administrativo*. São Paulo: Malheiros, 2007. p. 94-95.

> evidentemente, o direito à informação consagrado no art. 5º, XXXIII, da Constituição Federal.

O Superior Tribunal de Justiça tem precedente que afirma embora no momento da edição do ato a Administração tenha se omitido quando a sua motivação, nada impede que a apresente posteriormente, quando provocada, convalidando o vício existente até então. Para que isso aconteça é necessário o cumprimento dos seguintes requisitos[75]:

---

75 ADMINISTRATIVO. PROCESSUAL CIVIL. SERVIDOR PÚBLICO. AGRAVO REGIMENTAL NO RECURSO EM MANDADO DE SEGURANÇA. REMOÇÃO EX OFFICIO. MOTIVAÇÃO A POSTERIORI. POSSIBILIDADE. PRECEDENTES DO STJ. DILAÇÃO PROBATÓRIA. EXAME. IMPOSSIBILIDADE. AGRAVO NÃO PROVIDO. 1. Trata-se na origem de mandado de segurança impetrado por servidores ocupantes dos cargos públicos de Cirurgião-Dentista do quadro de pessoal da Secretaria de Estado de Saúde do Distrito Federal, em que impugnam os atos administrativos que importaram em sua remoção *ex officio* da Administração Central da Secretaria da Saúde para o Centro de saúde nº 08 da Diretoria-Geral de Saúde de Ceilândia e para o Hospital de Base do Distrito Federal, respectivamente e, posteriormente, destas unidades para a Diretoria-Geral de Saúde da Asa Norte e para o Hospital Regional da Asa Sul, ambos em Brasília/DF. 2. "Nos termos da jurisprudência pacífica do STJ, o ato administrativo de remoção deve ser motivado" (AgRg no REsp 1.376.747/PE, Rel. Min. HUMBERTO MARTINS, Segunda Turma, DJe 5/6/13). 3. Os atos de remoção ex officio dos servidores restam convalidados pela demonstração, ainda que postergada, dos motivos que levaram o agente público à prática daqueles atos. Nesse sentido, mutatis mutandis: MS 11.862/DF, Rel. p/ Ac. Min. LUIZ FUX, Primeira Seção, DJe 25/5/09; REsp 1.331.224/MG, Rel. Min. MAURO CAMPBELL MARQUES, Segunda Turma, DJe 26/2/13. 4. A possibilidade de motivação ulterior dos atos administrativos discricionários encontra respaldo, ainda, na lição de Celso Antônio Bandeira de Mello, in verbis: "[...] nos casos em que a lei não exija motivação, não se pode, consoante dito, descartar alguma hipótese excepcional em que seja possível à Administração demonstrar e de maneira absolutamente inquestionável que (a) o motivo extemporaneamente alegado preexistia; (b) que era idôneo para justificar o ato e (c) que tal motivo foi a razão determinante da prática do ato. Se estes três fatores concorrem há de se entender, igualmente, que o ato se convalida com a motivação ulterior" (In "Curso de Direito Administrativo", 25.ª Ed., São Paulo: Malheiros Editores, 2008. p. 395). 5. No mérito, a eventual averiguação de que as motivações apontadas pela Administração Pública – necessidade de transferência dos servidores de atividades burocráticas para a atividade fim, em virtude da carência de servidores nas diversas unidades regionais de saúde – demandaria dilação probatória, uma vez que: (i) o fato de que novos servidores públicos terem sido nomeados para o mesmo cargo dos Impetrantes/agravantes não é suficiente para se inferir a inexistência da carência de pessoal; (ii) não compete ao Poder Judiciário aferir se um determinado órgão ou unidade de saúde possui ou não maior carência de pessoal do

(a) o motivo extemporaneamente alegado preexistia;
(b) que era idôneo para justificar o ato e
(c) que tal motivo foi a razão determinante da prática do ato.

Havendo a presença concomitante desses três fatores, entende o STJ que existe a possibilidade de convalidação *a posteriori* do ato administrativo normativo, ainda que a motivação não se tenha publicitado no momento da expedição do ato.

---

que outro; (iii) o fechamento temporário da unidade de saúde para onde foi deslocada a primeira agravante, por si só, não afasta a presunção de legalidade do ato administrativo impugnado, haja vista se tratar de situação temporária. 6. Agravo regimental não provido. (AgRg no RMS 40.427/DF, Rel. Ministro ARNALDO ESTEVES LIMA, PRIMEIRA TURMA, julgado em 03/09/2013, DJe 10/09/2013) (grifo nosso).

4
CONTROLE DO SILÊNCIO ADMINISTRATIVO PREVISTO NA LEGISLAÇÃO DO ESTADO DO RIO GRANDE DO NORTE

Neste capítulo objetiva-se realizar a análise do controle de legalidade do instituto do silêncio administrativo previsto na legislação estadual do Rio Grande do Norte a luz dos elementos que compõe o regime jurídico-administrativo em vigor no país, munidos dos conceitos, tipologias e efeitos do silêncio devidamente explanados no capítulo anterior.

4.1 FORMAS DE CONTROLE DA ADMINISTRAÇÃO

O controle da função administrativa tem origem na teoria da separação dos poderes cunhada por Montesquieu[76] a se materializar por meio de mecanismos de equilíbrio e recíproco controle entre os poderes, veja-se:

> Eis, assim, a constituição fundamental do governo de que falamos. O corpo legislativo, sendo composto de duas partes, uma paralisará a outra por mútua faculdade de impedir. Todas as duas serão paralisadas pelo poder executivo, que o será, por sua vez, pelo poder legislativo. Esses três poderes deveriam formar uma pausa ou uma

---

76 MONTESQUIEU. *O espírito das leis*. Tradução de Fernando Henrique Cardoso e Leôncio Martins Rodrigues. Brasília: UnB, 1995. p. 123.

> inação. Mas como, pelo movimento necessário das coisas, eles são obrigados a caminhar, serão forçados a caminhar de acordo.

Está sedimentado na Constituição Federal[77] que os Poderes da União, qual seja, Executivo, Legislativo e Judiciário serão independentes e harmônico entre si. Ademais, tem-se como cláusula pétrea a separação dos poderes[78]. Dessa forma, como princípio fundamental do Estado Democrático de Direito, a separação, independência e harmonia entre os Poderes tem por objetivo evitar que um Poder cometa abusos ou tente se sobrepor os demais.

No tocante ao Poder Executivo no exercício de sua função típica administrativa é possível que esse controle seja feito pela própria Administração por meio da autotutela e da tutela, configurando-se como controle interno. Já o controle externo, no caso do Poder Legislativo é exercido somente nas hipóteses previstas no texto Constitucional. O Poder Judiciário por sua vez, dentro de certo limites que serão detalhados em momento oportuno exerce controle sobre a Administração se provocado pelo administrado, titular do direito de petição.

4.1.1 Controle interno da Administração

O controle interno diz respeito aos mecanismos de controle desenvolvido por um Poder relativamente a própria atividade, no caso, ao Poder Executivo relativa ao exercício da função administrativa. Conforme os ensinamentos de Justen Filho:

---

77 Esses enunciados constitucionais têm a seguinte redação: art. 2º São Poderes da União, independentes e harmônicos entre si, o Legislativo, o Executivo e o Judiciário.

78 Esses enunciados constitucionais têm a seguinte redação: art. 60, §4º, III: a separação dos Poderes

> O controle interno da atividade administrativa é o dever poder imposto ao próprio Poder de promover a verificação permanente e contínua da legalidade e da oportunidade da atuação administrativa própria, visando a prevenir ou eliminar defeitos ou a aperfeiçoar a atividade administrativa, promovendo as medidas necessárias a tanto[79].

Existem dois mecanismos que permitem à Administração controlar seus atos. Dentro da estrutura administrativa é possível a Administração Direta exercer o controle finalístico sobre a Administração Indireta por meio da Tutela Administrativa. Já em relação aos atos praticados pelos seus próprios órgãos é exercido o poder dever de autotutela, devidamente exposta por meio da Súmula 473 de 03 de outubro de 1969 do STF, veja-se:

> A administração pode anular seus próprios atos, quando eivados de vícios que os tornam ilegais, porque deles não se originam direitos; ou revogá-los, por motivo de conveniência ou oportunidade, respeitados os direitos adquiridos, e ressalvada, em todos os casos, a apreciação judicial.

É possível, portanto, que a Administração sem a necessidade de acionar o judiciário invalide seus próprios atos quando em dissonância com a Lei ou revogue-os quando não mais atenderem ao interesse público, desde que respeitado os direitos adquiridos.

No controle da legalidade do ato administrativo, afere-se se o ato foi praticado em consonância com o ordenamento jurídico. Esse controle pode ser realizado tanto em atos vinculados quando em

79 JUSTEN FILHO, Marçal. *Curso de direito administrativo*. 12. ed. São Paulo: Revista dos Tribunais, 2016. p. 1579.

atos discricionários, nesse caso apenas nos elementos de competência, forma e finalidade ressalvando-se o mérito administrativo.

O controle de mérito incide sobre a conveniência e oportunidade do ato, não apreciando a conformidade do ato com o ordenamento, apenas se ele ainda atende ou não o interesse público. Tal controle pode ser feito apenas pelo próprio Poder que praticou o ato, seja a Administração no exercício de sua função típica, seja o Legislativo ou Judiciário no exercício de sua função atípica administrativa.

Entretanto, nos casos previstos expressamente na Constituição Federal, o Poder Legislativo poderá exercer esse controle sobre atos administrativos praticados pelos demais Poderes. Essa atuação do Poder Legislativo somente pode ocorrer nesses casos expressamente tratados na Carta Magna, de modo a não ofender o princípio da separação de Poderes, como detalha-se no subitem que segue.

4.1.2 Controle externo pelo Poder Legislativo

Trata-se da fiscalização da administração pública exercida pelo Poder Legislativo, sendo essa uma das funções típicas desse Poder. O Legislativo também pode fazer o controle de seus próprios atos, na modalidade de controle interno, derivado da autotutela, mas ao ser utilizado o termo "controle legislativo" deve-se ter em foco o controle que esse Poder exerce sobre os atos administrativos do Poder Executivo e do Poder Judiciário.

O controle legislativo somente pode ser exercido nos casos expressamente previstos na Constituição Federal[80], sob pena de violação do princípio da separação dos Poderes. Esse controle não

80 Esses enunciados constitucionais têm a seguinte redação: art. 49. É da competência exclusiva do Congresso Nacional: V – sustar os atos normativos do Poder Executivo que exorbitem do poder regulamentar ou dos limites de delegação legislativa; IX – julgar anualmente as contas prestadas pelo Presidente da República e apreciar os relatórios sobre a

se limita apenas ao aspecto da legalidade, podendo alcançar, em algumas situações, também aspectos discricionários, controle político, como por exemplo a aprovação de nomes de Ministros de Tribunais Superiores, mas sem jamais ensejar a revogação de um ato praticado por outro Poder.

Esse controle de mérito realizado pelo Poder Legislativo tem sua principal atuação nos casos em é exigida uma autorização prévia ou autorização para a prática de alguns atos do Poder Executivo. Como, por exemplo, a aprovação dos nomes de Ministros dos Tribunais Superiores que serão nomeados pelo Presidente da República, assim como no caso do presidente e diretores do Banco Central, dentre outros previstos no art. 52[81] da Constituição.

4.1.3 Controle pelo Poder Judiciário

O Poder Judiciário exerce seu controle por meio do exercício de sua função típica quando devidamente provocado. Esse controle verifica apenas o aspecto da legalidade ou legitimidade dos atos administrativos, não podendo ser realizado sobre o mérito

---

execução dos planos de governo; X – fiscalizar e controlar, diretamente, ou por qualquer de suas Casas, os atos do Poder Executivo, incluídos os da administração indireta;

81 Esses enunciados constitucionais têm a seguinte redação: Art. 52. Compete privativamente ao Senado Federal: III – aprovar previamente, por voto secreto, após arguição pública, a escolha de: a) Magistrados, nos casos estabelecidos nesta Constituição; b) Ministros do Tribunal de Contas da União indicados pelo Presidente da República; c) Governador de Território; d) Presidente e diretores do banco central; e) Procurador-Geral da República; f) titulares de outros cargos que a lei determinar; IV – aprovar previamente, por voto secreto, após arguição em sessão secreta, a escolha dos chefes de missão diplomática de caráter permanente; V – autorizar operações externas de natureza financeira, de interesse da União, dos Estados, do Distrito Federal, dos Territórios e dos Municípios; VI – fixar, por proposta do Presidente da República, limites globais para o montante da dívida consolidada da União, dos Estados, do Distrito Federal e dos Municípios; XI – aprovar, por maioria absoluta e por voto secreto, a exoneração, de ofício, do Procurador-Geral da República antes do término de seu mandato;

administrativo, aferindo apenas se tal ato está em conformidade com o ordenamento jurídico.

Para Montesquieu[82], o judiciário deveria ser a "boca que pronuncia as palavras da Lei, seres inanimados que lhe não podem moderar nem a força nem o rigor", reduzindo assim o espaço de discricionariedade dos magistrados. Para Bandeira de Mello[83]:

> De outro lado, o pensamento do barão de Montesquieu, acima de tudo pragmático, fundava-se na observação de um fato, por ele afirmado como uma constante indesmentida e cuja procedência realmente não admite contestação, isto é: todo aquele que tem o poder, tende a abusar dele. Para evitar que os governos se transformem em tiranias, cumpre que o poder detenha o poder, porque o poder vai até onde encontra limites.

Nesse contexto, o controle da Administração pelo judiciário se destaca. A Constituição ao prevê como garantia individual a inafastabilidade[84] e o direito de petição[85] em contraposição a separação dos poderes. Ao mesmo tempo que são independentes e harmônicos entre si, exercem controle mútuo, contudo dentro de certos limites. A pretexto de controlar a Administração o judiciário, por exemplo, não pode exercer funções a ela reservada.

---

82 MONTESQUIEU. *O espírito das leis*. Tradução de Fernando Henrique Cardoso e Leôncio Martins Rodrigues. Brasília: UnB, 1995. p. 179.

83 BANDEIRA DE MELLO, Celso Antônio. *Discricionariedade e controle jurisdicional*. 2. ed. 12ª Tiragem. São Paulo: Malheiros, 2017. p. 11/12.

84 Esses enunciados constitucionais têm a seguinte redação: Art. 5º, XXXV: a lei não excluirá da apreciação do Poder Judiciário lesão ou ameaça a direito.

85 Esses enunciados constitucionais têm a seguinte redação: Art. 5º, XXXIV, "a": são a todos assegurados, independentemente do pagamento de taxas: a) o direito de petição aos Poderes Públicos em defesa de direitos ou contra ilegalidade ou abuso de poder.

O controle judicial alcança tanto os atos vinculados como os discricionários, mas sempre analisando a legalidade deles. Não cabe ao Poder Judiciário, no exercício de sua função jurisdicional, apreciar o mérito administrativo dos atos, substituindo a vontade do administrador pela sua.

Essa análise da legalidade e legitimidade alcança também a conformidade dos atos administrativos com os princípios, os atos administrativos de conteúdo impositivo e as súmulas vinculantes. Caso constatado que o ato está eivado de um vício de legalidade ou legitimidade, ele será anulado.

Em regra, trata-se de um controle posterior, incidindo sobre atos que já foram praticados. Entretanto, esse controle também pode ser realizado na modalidade prévia, por meio do mandado de segurança preventivo.

Em virtude do princípio da inércia da jurisdição, o Poder Judiciário somente age mediante provocação do interessado, não exercendo o controle dos atos administrativos de ofício. Existem diversas maneiras de o interessado promover a manifestação do Poder Judiciário, como o mandado de segurança, o mandado de segurança coletivo, a ação popular, a ação civil pública. Esse rol de ações possíveis é apenas exemplificativo, pois qualquer manifestação do Poder Judiciário sobre atos administrativos, em uma ação judicial, será uma forma de controle judicial.

Cabe ressaltar o art. 103-A, § 3º, da CF, que diz:

> § 3º Do ato administrativo ou decisão judicial que contrariar a súmula aplicável ou que indevidamente a aplicar, caberá reclamação ao Supremo Tribunal Federal que, julgando-a procedente, anulará o ato administrativo ou cassará a decisão judicial reclamada,

> e determinará que outra seja proferida com ou sem a aplicação da súmula, conforme o caso. (Incluído pela Emenda Constitucional nº 45, de 2004).

Assim, do ato administrativo ou decisão judicial que contrariar a súmula aplicável ou que indevidamente a aplicar, caberá reclamação ao Supremo Tribunal Federal que, julgando-a procedente, anulará o ato administrativo ou cassará a decisão judicial reclamada, e determinará que outra seja proferida com ou sem a aplicação da súmula, conforme o caso.

Ademais, cabe ressaltar que os atos da administração, que não se confundem com os atos administrativos, como regra geral, não são apreciados pelo Poder Judiciário, uma vez que se limitam a estabelecer normas sobre o funcionamento interno dos órgãos. Contudo, caso exorbitarem seu conteúdo, ferindo direitos individuais e coletivos, poderão também ser objeto de controle judicial.

No tocante especificamente ao controle externo exercido Poder judiciário nos casos de silêncio administrativo, no Rio Grande do Norte afere-se que é firme a jurisprudência do Tribunal de Justiça do Estado no sentido de que o meio adequado para se combater tal omissão é o Mandando de segurança.

Além do mais, verifica-se na jurisprudência estadual que não basta a inércia da Administração para configuração do silencio, visto que a Lei de Processo Administrativo Estadual estabelece que apenas com a persistência do silêncio é que seus efeitos se manifestam. Dessa forma, mesmo após o prazo para decidir, cabe ao administrado novamente requerer que ela se manifeste, assim passado o prazo previsto, é que os efeitos se manifestam.

Tem-se, portanto, que jurisprudência da Corte de Justiça Estadual está consolidada em considerar injustificada inércia da autoridade administrativa em se manifestar no processo administrativo sob sua responsabilidade, considerando o ato ilegal e passível de correção por meio de Mandado de Segurança, com a concessão de provimento de caráter mandamental consubstanciado em determinar o julgamento em prazo razoável[86].

Como também pela possibilidade, pelo Poder Judiciário, a determinação de mandamento para que a Administração decida em determinado prazo sem que isso se caracterize como uma ingerência no Poder Executivo[87], tendo em vista o mandamento constitucional da separação dos poderes.

Ademais, é firme a jurisprudência da Corte de que nos casos de silêncio da Administração não importa em denegação após o decurso de 60 (sessenta) dias, uma vez que, mesmo através de interpretação

86 CONSTITUCIONAL E ADMINISTRATIVO. MANDADO DE SEGURANÇA. ATO OMISSIVO. REQUERIMENTO ADMINISTRATIVO FORMULADO HÁ MAIS DE 1 (UM) ANO, VISANDO A DEVOLUÇÃO DE CONTRIBUIÇÃO PREVIDENCIÁRIA INDEVIDAMENTE RECOLHIDA. PRETENSÃO AINDA NÃO APRECIADA PELA ADMINISTRAÇÃO. VIOLAÇÃO AO PRINCÍPIO DA RAZOÁVEL DURAÇÃO DO PROCESSO. AFRONTA AOS PRINCÍPIOS DA DIGNIDADE DA PESSOA HUMANA E DA EFICIÊNCIA. OBSTÁCULO AO PLENO EXERCÍCIO DA CIDADANIA. PRECEDENTES DESTA CORTE. CONCESSÃO DA SEGURANÇA. (MS nº 2009.005798-9, rel. Des. Dilermando Mota, Tribunal Pleno, j. 09/12/2009)

87 ADMINISTRATIVO E CONSTITUCIONAL. MANDADO DE SEGURANÇA. INÉRCIA DA AUTORIDADE IMPETRADA. REQUERIMENTO ADMINISTRATIVO. AUSÊNCIA DE DECISÃO. DEMORA QUE CONFIGURA VIOLAÇÃO AOS PRINCÍPIOS DA EFICIÊNCIA E DA RAZOÁVEL DURAÇÃO DO PROCESSO. AFRONTA AOS ARTIGOS 37, CAPUT, 5º, LXXVIII, DA CONSTITUIÇÃO FEDERAL E 66 E 67 DA LEI COMPLEMENTAR ESTADUAL Nº 303/2005. POSSIBILIDADE DE FIXAÇÃO DE PRAZO, PELO PODER JUDICIÁRIO, PARA ULTIMAÇÃO DO PROCESSO ADMINISTRATIVO, SEM QUE ISTO SE CARACTERIZE UMA INGERÊNCIA NO PODER EXECUTIVO. PRECEDENTES DO SUPERIOR TRIBUNAL DE JUSTIÇA E DESTA CORTE. CONCESSÃO DA SEGURANÇA. (MS nº 2010.002352-8, rel. Des. Cláudio Santos, Tribunal Pleno, j. 09/06/2010)

literal do art. 67, § 2º, da Lei Complementar Estadual nº 303/2005, não se pode chegar à conclusão[88].

Uma vez que os efeitos atribuídos ao silêncio pela Lei do Estado só serão aplicados na persistência do silêncio[89] configurada

---

88 Acórdão proferido na Apelação Cível nº 2017.008240-6.

89 ADMINISTRATIVO. REMESSA NECESSÁRIA E APELAÇÃO CÍVEL. PRELIMINAR DE NÃO CONHECIMENTO DA REMESSA NECESSÁRIA, SUSCITADA DE OFÍCIO. ACOLHIMENTO. PREJUDICIAL DE MÉRITO RELATIVA À PRESCRIÇÃO DO FUNDO DE DIREITO, SUSCITADA PELOS APELANTES. PLEITO DE PAGAMENTO DE LICENÇA-PRÊMIO NÃO GOZADA E DE ABONO DE PERMANÊNCIA. TERMO INICIAL. DECURSO DE CINCO ANOS DESDE QUANDO ERAM DEVIDAS. AUSÊNCIA DE CAUSA SUSPENSIVA. ACOLHIMENTO. INVIABILIDADE DO PLEITO PRESCRICIONAL EM RELAÇÃO À PROGRESSÃO FUNCIONAL ANTE A NATUREZA DE PRESTAÇÃO DE TRATO SUCESSIVO. PRESCRIÇÃO PARCIAL. EXISTÊNCIA DE REQUERIMENTO ADMINISTRATIVO NÃO ANALISADO. MÉRITO. PRETENSÃO DE MODIFICAÇÃO DA PROGRESSÃO HORIZONTAL DEFERIDA EM SENTENÇA À CLASSE J DA CARREIRA DO MAGISTÉRIO PÚBLICO ESTADUAL. REJEIÇÃO. REQUISITOS DEMONSTRADOS. JUROS E CORREÇÃO MONETÁRIA. MANUTENÇÃO IPCA-E E JUROS DO ART. 1º-F DA LEI 9.494/97. NÃO CONHECIMENTO DA REMESSA NECESSÁRIA. CONHECIMENTO E PROVIMENTO PARCIAL DO RECURSO. 1. Com o advento do Código de Processo Civil (Lei nº 13.105, de 16 de março de 2015), ficou estabelecido no art. 496, § 3º, inciso II, que a sentença não se sujeita ao duplo grau de jurisdição quando o valor for inferior a 500 (quinhentos) salários-mínimos para as causas envolvendo os Estados. 2. Reconhece-se a prescrição quinquenal quanto à pretensão de cobrança das verbas relativas à licença-prêmio e ao abono de permanência, considerando que eram devidas em períodos específicos, e não se tratava de relação de trato sucessivo, bem como pela inércia da titular do direito pelo lapso temporal. 3. Quanto ao pleito de revisão da aposentadoria por progressão funcional, tratando-se de prestação pecuniária de trato sucessivo, a prescrição atinge somente as parcelas anteriores a 5 (cinco) anos do requerimento administrativo pendente de análise, não atingindo o fundo de direito. 4. O silêncio da Administração não importa em denegação após o decurso de 60 (sessenta) dias, uma vez que, mesmo através de interpretação literal do art. 67, § 2º, da Lei Complementar Estadual nº 303/2005, não se pode chegar à conclusão dos apelantes. 5. Segundo o regramento contido na Lei Complementar Estadual 322/2006, faz-se necessário, para fins de progressão, a avaliação de desempenho. Acontece que, tal providência nunca foi realizada pela administração pública, de modo que não pode suplantar direito pertencente ao servidor, ocupante do cargo de professor permanente do quadro de pessoal do Estado. 6. Declarada a inconstitucionalidade do art. 1º-F da Lei 9.94/97 em relação ao índice de correção monetária para as relações jurídicas não tributárias pelo STF, o STJ em recurso repetitivo determinou a aplicação do índice IPCA-E. Higidez dos juros moratórios segundo o índice de remuneração da caderneta de poupança. 7.

após nova provocação do administrado para que a Administração se manifeste em 10 (dez) dias, consoante ao disposto nos §1º e 2º, art. 67 da Lei nº 303/05-RN.

Dessa forma, a aplicação da regra do art. 67, § 2º, da Lei Complementar Estadual nº 303/2005 está condicionada à ocorrência da hipótese de seu § 1º, desse modo, pela própria literalidade da norma, não há como se interpretar a presente situação como denegação tácita[90],

---

Precedentes do STF (Súmula 443; RE 870947, Rel. Ministro Luiz Fux, Tribunal Pleno, julgado em 20/09/2017), do STJ (Súmula 85; REsp 1686847, Relª. Ministra Regina Helena Costa, Decisão Monocrática DJe 03/10/2017; REsp 1254456/PE, Rel. Ministro Benedito Gonçalves, Primeira Seção, julgado em 25/04/2012; AgRg no REsp 1304517/SC, Rel. Ministra Assusete Magalhães, Segunda Turma, julgado em 23/02/2016; AgRg no Ag 1255883/SE, Rel. Ministro Marco Aurélio Bellizze, Quinta Turma, julgado em 05/02/2013; REsp 1.492.221) e do TJRN (AC nº 2015.004337-4, Relª. Desembargadora Judite Nunes, 2ª Câmara Cível, j. 26/09/2017; AC nº 2015.019689-5, Rel. Desembargador Ibanez Monteiro, 2ª Câmara Cível, j. 26/09/2017; AC 2016.018933-6, Relª. Desembargadora Judite Nunes, 2ª Câmara Cível, j. 28/03/2017; AC 2016.018935-0, Rel. Desembargador Ibanez Monteiro, 2ª Câmara Cível, j. 07/03/2017). 8. Remessa Necessária não conhecida. Apelação cível conhecida e parcialmente provida.

90 ADMINISTRATIVO E PROCESSUAL CIVIL. AGRAVO INTERNO EM MANDADO DE SEGURANÇA. DECISÃO CONCESSIVA DE LIMINAR. MORA ADMINISTRATIVA PARA DECISÃO EM PROCESSO ADMINISTRATIVO. POSSIBILIDADE DE CONCESSÃO DE LIMINAR FIXANDO PRAZO À ADMINISTRAÇÃO PARA DECIDIR O REQUERIMENTO ADMINISTRATIVO. PRECEDENTES. ALEGAÇÃO DE QUE O SILÊNCIO DA ADMINISTRAÇÃO IMPORTARIA EM DENEGAÇÃO TÁCITA. ART. 67, § 2º, DA LEI COMPLEMENTAR ESTADUAL Nº 303/2005. IMPOSSIBILIDADE. APLICAÇÃO DA NORMA CONDICIONADA À HIPÓTESE DO § 1º DO MESMO DISPOSITIVO. POSSIBILIDADE DE APLICAÇÃO DE MULTA COMINATÓRIA EM MANDADO DE SEGURANÇA. ART. 26 DA LEI Nº 12.016/2009. ROL EXEMPLIFICATIVO. ART. 461 DO CPC. AGRAVO INTERNO CONHECIDO E DESPROVIDO. (Agravo Interno Em Mandado de Segurança Com Liminar nº 2011.006362-8/0001.00, rel. Des. Dilermando Mota, Tribunal Pleno, j. 22/07/2011) ADMINISTRATIVO E PROCESSUAL CIVIL. AGRAVO INTERNO EM MANDADO DE SEGURANÇA. DECISÃO CONCESSIVA DE LIMINAR. MORA ADMINISTRATIVA PARA DECISÃO EM PROCESSO ADMINISTRATIVO. POSSIBILIDADE DE CONCESSÃO DE LIMINAR FIXANDO PRAZO À ADMINISTRAÇÃO PARA DECIDIR O REQUERIMENTO ADMINISTRATIVO. PRECEDENTES. ALEGAÇÃO DE QUE O SILÊNCIO DA ADMINISTRAÇÃO IMPORTARIA EM DENEGAÇÃO TÁCITA. ART. 67, § 2º, DA LEI COMPLEMENTAR ESTADUAL Nº 303/2005. IMPOSSIBILIDADE. APLICAÇÃO DA NORMA CONDICIONADA À HIPÓTESE DO § 1º DO MESMO DISPOSITIVO.

é dessa forma que os desembargadores aplicam a Lei de processo administrativo do Estado, interpretando-a sem sua literalidade.

Assim, demonstra-se que a jurisprudência do Tribunal de Justiça do Estado do Rio Grande do Norte é uníssona que nos casos de silêncio da administrado o remédio adequado para provocação do poder judiciário é o mandado de segurança sendo possível a concessão de provimento de caráter mandamental consubstanciado em determinar o julgamento em prazo razoável sendo ferir o princípio da separação dos poderes.

Outrossim, para que se configure os feitos da persistência do silêncio administrativo, qual seja, denegação do pedido, é necessário a estrita observância da Lei e aos requisitos que ele determina, especificamente nos parágrafos primeiro e segundo, uma vez que no Estado do Rio Grande do Norte, os efeitos não decorrem diretamente do silêncio, mas de sua persistência após nova provocação do interessado para que a Administração pública se manifeste sobre o seu pedido.

4.2 CARACTERIZAÇÃO DO INSTITUTO DO SILÊNCIO ADMINISTRATIVO PREVISTO NA LEGISLAÇÃO DO ESTADO DO RIO GRANDE DO NORTE

No Estado do Rio Grande do Norte, o art. 67 da Lei Complementa nº 303, de 09 de setembro de 2005 que dispõe obre normas gerais pertinentes ao processo administrativo no âmbito da Administração Pública Estadual estabelece no Capítulo VII – dever de decidir, o seguinte procedimento:

POSSIBILIDADE DE APLICAÇÃO DE MULTA COMINATÓRIA EM MANDADO DE SEGURANÇA. ART. 26 DA LEI Nº 12.016/2009. ROL EXEMPLIFICATIVO. ART. 461 DO CPC. AGRAVO INTERNO CONHECIDO E DESPROVIDO. (Agravo Interno Em Mandado de Segurança Com Liminar nº 2011.003988-5/0001.00, rel. Des. Dilermando Mota, Tribunal Pleno, j. 23/11/2011)

> Art. 67. Concluída a instrução, e observado o disposto no art. 62 desta Lei Complementar, a Administração Pública tem o prazo de até 60 (sessenta) dias para decidir, salvo prorrogação por igual período expressamente motivada pelo agente e aprovada pelo Titular do órgão ou entidade da Administração Pública.
> § 1º Ultrapassado o prazo sem decisão, o interessado poderá solicitar que a Administração Pública se manifeste sobre o seu pedido em 10 (dez) dias.
> § 2º Na hipótese de persistir o silencio administrativo, após observado o prazo a que se refere o § 1º, deste artigo, o pedido formulado pelo interessado será considerando denegado.

Assim, finalizada a fase instrutória do processo administrativo e ultrapassado o prazo máximo de 5 (cinco) dias para que o interessado se manifesta conforme o art. 62[91], é aberto ao Administrador o prazo de até 60 dias para decidir, podendo ser prorrogado por igual período se devidamente motivado e aprovado pelo dirigente máximo da unidade. Findo o prazo sem decisão, ao administrado é aberto o prazo de 10 dias para que exija novamente a manifestação da administração acerca do pedido. Persistindo a inércia administrativo, o silêncio administrativo terá efeitos negativos sendo o pedido considerado negado, restando ao administrado a via judicial para contemplação de seu pleito.

Aduz-se, portanto, do texto legal que o silêncio administrativo está caracterizado a partir do decurso do prazo que a Administração tem para decidir, qual seja, 60 (sessenta) dias, contudo os efeitos denegatórios somente serão caracterizados com a persistência do silêncio administrado que só se observa após a reiteração da manifestação do interessado no prazo em 10 (dez) dias mantendo-se inerte a administração.

91 Lc303 Art. 62. Encerrada a instrução, o interessado terá o direito de manifestar-se no prazo máximo de 5 (cinco) dias, salvo se outro prazo for legalmente fixado.

Assim, por prever a Legislação Estadual mecanismo que garanta ao administrado uma resposta ficta somente após a caraterização da persistência do silêncio administrativo, tem-se uma afronta direta aos princípios da proporcionalidade e da eficiência como se demonstra a seguir.

4.3 CONTROLE DE LEGALIDADE DO SILÊNCIO ADMINISTRATIVO POTIGUAR

Conforme demonstrado no item anterior, o mecanismo procedimental desenhado pela Lei Complementar nº 303/05 atribui somente nos casos de persistência do silêncio administrativo o efeito denegatório, que é uma garantia ao administrado. Essa situação caracteriza uma afronta direta aos princípios da proporcionalidade e da eficiência.

Posto isso, veja-se que não pode o Estado impor aos indivíduos obrigações em medida superior àquele estritamente necessária ao atendimento do interesse público, devendo observância a razoável adequação dos meios e os fins, justamente o que não se observa no procedimento exposto, daí a afronta ao princípio da proporcionalidade.

Ademais, embora tenha-se por observância do princípio da eficiência a fiel execução dos mecanismos legalmente previstos[92], portanto diretamente ligado ao princípio da legalidade, o legislador estadual ao atribuir ao particular.

Assim, somente após o decurso do prazo para que a administração decida, a tarefa de novamente solicitar que seu preito seja analisado dentro do prazo de 10 (dez) dias para que somente assim

92 ROCHA FRANÇA, Vladimir da. Eficiência administrativa na Constituição Federal. *Revista de Direito Administrativo*, Rio de Janeiro, v. 220, p. 165-177, abr. 2000. Disponível em: http://bibliotecadigital.fgv.br/ojs/index.php/rda/article/view/47532. Acesso em: 28 nov. 2019.

gere os efeitos negativos, traduz afronta ao princípio da eficiência, pois insere mais uma etapa para conformar uma situação que já está presente, qual seja, o silêncio.

4.4 PROPOSTA DE ALTERAÇÃO DO ART. 67 DA LEI COMPLEMENTAR Nº 303/05 DO RN

Tendo como referência o moderno direito administrativo e o país berço do instituto do silêncio administrativo, a França, a alteração legislativa mais eficiente seria a de prever efeitos positivos nos casos de tipificação da omissão estatal qualificada, ou seja, não decidindo a administração no prazo estipulado, o pedido do administrado será considerado deferido podendo exigir administrativamente ou judicialmente seu cumprimento. Dessa forma, o parágrafo primeiro do art. 67 teria sua alteração alterada e o segundo seria revogado, como abaixo:

> Art. 67. Concluída a instrução, e observado o disposto no art. 62 desta Lei Complementar, a Administração Pública tem o prazo de até 60 (sessenta) dias para decidir, salvo prorrogação por igual período expressamente motivada pelo agente e aprovada pelo Titular do órgão ou entidade da Administração Pública.
> **~~§ 1º Ultrapassado o prazo sem decisão, o interessado poderá solicitar que a Administração Pública se manifeste sobre o seu pedido em 10 (dez) dias.~~** (alterado)
> § 1º Ultrapassado o prazo sem decisão, **nos pedidos de efeito individual que faça parte um procedimento previsto em texto legal e que não seja de natureza financeira o pedido formulado pelo interessado será considerado deferido.**
> § 2º Nos demais casos, o silêncio importa em denegação do pedido.

> ~~§ 2º Na hipótese de persistir o silencio administrativo, após observado o prazo a que se refere o § 1º, deste artigo, o pedido formulado pelo interessado será considerando denegado~~. (revogado)

Contudo, sabe-se que essa solução é inaplicável na praxe administrativa considerando todo o processo de formação e estruturação do Estado brasileiro e do seu arcabouço administrativo. Dessa forma, levando em consideração essas premissas, sugere-se que a manutenção dos efeitos denegatórios quando se configurar o silêncio e não quando da persistência dele, sendo, portanto, necessário a revogação do parágrafo segundo e a alteração da redação do parágrafo primeiro do art. 67, veja-se:

> Art. 67. Concluída a instrução, e observado o disposto no art. 62 desta Lei Complementar, a Administração Pública tem o prazo de até 60 (sessenta) dias para decidir, salvo prorrogação por igual período expressamente motivada pelo agente e aprovada pelo Titular do órgão ou entidade da Administração Pública.
> ~~§ 1º Ultrapassado o prazo sem decisão, o interessado poderá solicitar que a Administração Pública se manifeste sobre o seu pedido em 10 (dez) dias.~~ (alterado)
> § 1º Ultrapassado o prazo sem decisão, o pedido formulado pelo interessado será considerado denegado.
> ~~§ 2º Na hipótese de persistir o silencio administrativo, após observado o prazo a que se refere o § 1º, deste artigo, o pedido formulado pelo interessado será considerando denegado~~. (revogado)

Em ambas soluções, o ponto em comum é a revogação do §2º, do art. 67, pois como se demonstrou no capítulo anterior, a necessidade da persistência do silêncio para gerar os efeitos denegatórios não é compatível com o regime jurídico-administrativo atualmente vigente no país.

5
CONSIDERAÇÕES FINAIS

A presente pesquisa desenvolveu os principais institutos pertinente a temática do silêncio administrativo. Percebe-se que apesar da pouca relevância dada pela doutrina brasileira a respeito do assunto sua temática é relevante, pertinente e densa.

No tocante ao conteúdo do regime jurídico-administrativo atualmente em vigor no país, conclui-se por seus princípios constitucionalmente expressos e implícitos, especialmente dos princípios da razoabilidade e proporcionalidade além da eficiência foram fundamentais para análise da compatibilidade do instituto do silêncio atualmente previsto na Lei potiguar e sua dissonância com o ordenamento brasileiro.

Quanto ao silêncio, entende-se que diante da ausência de manifestação expressa de vontade, por parte da administração, não se pode tipificá-lo como ato administrativo. São, na verdade, fatos jurídicos, cujos efeitos são atribuídos por Lei que expressamente os definam.

Outrossim, no Direito Privado, o silêncio como regra não gera efeitos, salvo nas hipóteses previstas no art. 111 do Código Civil, qual seja, nos negócios jurídicos, quando as circunstâncias ou usos autorizarem.

Nos atos administrativos normativos, por sua vez, afere-se que em regra não necessitam de motivação, contudo, se a Lei exigir e tal elemento não for observado, configura-se o silêncio. Tal vício pode ser convalidado posteriormente conforme a jurisprudência do Superior Tribunal de Justiça, desde que presente os requisitos I – que o motivo extemporaneamente alegado preexistia; II – que era idôneo para justificar o ato e III – que tal motivo foi a razão determinante da prática do ato.

Finalmente, quanto ao controle do silêncio é visto que este pode ser efeituado internamente, pela própria Administração no exercício do poder de tutela e da autotutela e externamente pelo poder Legislativo nos limites estabelecidos pela Constituição Federal e pelo Poder Judiciário que pode determinar que a Administração se manifeste sem que isso configure intervenção de um poder sobre o outro, nos termos da jurisprudência acostada.

No caso do Rio Grande do Norte, verificou-se que o instituto do silêncio administrativo tipificado no §2º, art. 67 da Lei Complementar nº 303, de 09 de setembro de 2005 do Estado mostra-se incompatível com o regime jurídico-administrativo em vigor no país.

Isso decorre da afronta aos princípios da proporcionalidade e da eficiência, uma vez que seus efeitos não decorrem diretamente de sua caracterização, mas sim de sua persistência e somente após devida reiteração do pedido por parte do administrado pleiteando que novamente a Administração pública se manifeste em 10 (dez) dias.

Diante desse fato apresentou-se propostas legislativas para adequação do texto legal as exigências do direito Administrativo Contemporâneo, tendo como referência o precedente utilizado pela França que deu origem ao instituto, que atualmente adota nos casos de pedidos de efeito individual que faça parte um procedimento previsto em texto legal e que não seja de natureza financeira, os efeitos positivos ao silêncio, permanecendo para os demais, os efeitos negativos.

E a sugestão com base no ordenamento jurídico pátrio, onde uma vez configurada a situação do silêncio deve ser emanados seus efeitos, qual seja, a denegação do pedido, surgindo para o administrado a possibilidade de acionar o judiciário em busca de seu pleito. Revogando-se, portanto, o parágrafo segundo do art. 67 que exigia nova reiteração do pedido para configuração de seus efeitos.

REFERÊNCIAS

ALEXY, Robert. *Teoria dos Direitos Fundamentais.* Traduzido por Virgílio Afonso da Silva. São Paulo: Malheiros, 2008. Tradução de: "Theorie der Grundrechte", 2006.

BANDEIRA DE MELLO, Celso Antônio. *Curso de Direito Administrativo.* 32. ed. São Paulo: Malheiros, 2015.

BANDEIRA DE MELLO, Celso Antônio. *Discricionariedade e controle jurisdicional.* 2. ed. 12ª Tiragem. São Paulo: Malheiros, 2017.

BONAPARTE, Louis-Napoléon, Rouher Eugène. Décret relatif aux recours et pourvois devant le Conseil d'État. *Bulletin administratif de l'instruction publique.* Tome 2 n. 45, 1864. p. 483-484. Disponível em: education.persee.fr/doc/baip_1254-0714_1864_num_2_45_16237. Acesso em: 07 jan. 2020.

BRASIL. *Constituição da República Federativa do Brasil*: promulgada em 5 de outubro de 1988. 4. ed. São Paulo: Saraiva, 1990.

BRASIL. *Lei nº 9.784*, de 29 de janeiro de 1999. Disponível em: http://www.planalto.gov.br/ccivil_03/LEIS/L9784.htm. Acesso em: 28 nov. 2019.

CARVALHO FILHO, José dos Santos. *Manual de Direito Administrativo.* Rio de Janeiro: Lúmen Juris, 2010.

DI PIETRO, Maria Sylvia Zanella. *Direito administrativo.* 32. ed. Rio de Janeiro: Forense, 2019.

DI PIETRO, Maria Sylvia Zanella. *Princípio da legalidade*. Enciclopédia jurídica da PUC-SP. Celso Fernandes Campilongo, Álvaro de Azevedo Gonzaga e André Luiz Freire (coord.). Tomo: Direito Administrativo e Constitucional. Vidal Serrano Nunes Jr., Maurício Zockun, Carolina Zancaner Zockun, André Luiz Freire (coord. de tomo). 1. ed. São Paulo: Pontifícia Universidade Católica de São Paulo, 2017. Disponível em: https://enciclopediajuridica.pucsp.br/verbete/86/edicao-1/principio-da-legalidade

DWORKIN, Ronald. *Taking Right Seriously*, 6. ed. Londres: Duckworth, 2009.

FRANÇA. *Loi n° 2013-1005 du 12 novembre 2013 habilitant le Gouvernement à simplifier les relations entre l'administration et les citoyens.* Disponível em: https://www.legifrance.gouv.fr/affichTexte.do?cidTexte=JORFTEXT000028183023&categorieLien=id. Acesso em: 07 jan. 2020.

FREITAS, Juarez. *O Controle dos Atos Administrativos e os Princípios Fundamentais*. São Paulo: Malheiros, 1997.

GRAU, Eros Roberto. *A ordem constitucional na Constituição de 1988*. 18. ed. São Paulo: Malheiros, 2017.

JUSTEN FILHO, Marçal. *Curso de direito administrativo*. 12. ed. São Paulo: Revista dos Tribunais, 2016.

KELSEN, Hans. *Teoria Pura do Direito*. Tradução de João Baptista Machado. 7. ed. São Paulo: Martins Fontes, 2006.

LÔBO, Paulo. *Direito Civil:* parte geral. São Paulo: Saraiva, 2009.

LUHMANN, Niklas. *Sociologia do Direito II.* Trad. de: Gustavo Bayer. Rio de Janeiro: Tempo Brasileiro, 1985

MELLO, Marcos Bernardes de. *Teoria do fato jurídico:* plano da existência. 7. ed. São Paulo: Saraiva, 1995.

MODESTO, Paulo. Silêncio Administrativo Positivo, Negativo e Translativo: a omissão estatal formal em tempos de crise. *Revista de Direito do Estado*, n. 317, 2016.

MONTESQUIEU. *O espírito das leis.* Tradução de Fernando Henrique Cardoso e Leôncio Martins Rodrigues. Brasília: UnB, 1995.

PONTES DE MIRANDA, Francisco Cavalcanti. *Tratado de Direito Privado.* 4. ed. São Paulo: RT, 1974, t. II.

PONTES DE MIRANDA, Francisco Cavalcanti. *Tratado de Direito Privado*: parte especial – Direito das Obrigações. Tomo XXXII. São Paulo: Revista dos Tribunais, 2012.

ROCHA FRANÇA, Vladimir da. Considerações sobre o controle de moralidade dos atos administrativos. *Revista Trimestral de Direito Público*, São Paulo, n. 27, 1999.

ROCHA FRANÇA, Vladimir da. Regime jurídico-administrativo, interesses públicos e direitos fundamentais. *Revista Colunistas –* Direito do Estado, v. 260, p. 1-1, 2016.

ROCHA FRANÇA, Vladimir da. *Invalidação judicial da discricionariedade administrativa*: no regime jurídico-administrativo brasileiro. Rio de janeiro: Forense, 2000.

ROCHA FRANÇA, Vladimir da. Eficiência administrativa na Constituição Federal. *Revista de Direito Administrativo*, Rio de Janeiro, v. 220, p. 165-177, abr. 2000. Disponível em: http://bibliotecadigital.fgv.br/ojs/index.php/rda/article/view/47532. Acesso em: 28 nov. 2019.

ROCHA FRANÇA, Vladimir da. *Estrutura e motivação do ato administrativo*. São Paulo: Malheiros, 2007.

ROCHA FRANÇA, Vladimir da. Princípio da legalidade administrativa e competência regulatória no regime jurídico-administrativo brasileiro. *Revista de informação legislativa*, v. 51, n. 202, p. 7-29, abr./jun. 2014. Disponível em: https://www2.senado.leg.br/bdsf/handle/id/503034. Acesso em: 28 nov. 2019.

ROCHA FRANÇA, Vladimir da. Princípio da motivação no direito administrativo. Enciclopédia jurídica da PUC-SP. Celso Fernandes Campilongo, Álvaro de Azevedo Gonzaga e André Luiz Freire (coord.). *Tomo: Direito Administrativo e Constitucional*. 1. ed. São Paulo: Pontifícia Universidade Católica de São Paulo, 2017. Disponível em: https://enciclopediajuridica.pucsp.br/verbete/124/edicao-1/principio-da-motivacao-no-direito-administrativo. Acesso em: 16 dez. 2019.

SADDY, André. Responsabilidade por inatividade da Administração Pública: um estudo específico do silêncio administrativo. *Revista de Direito Administrativo e Constitucional*. Belo Horizonte, ano 16, n.

65, p. 109-133. Disponível em: http://www.revistaaec.com/index.php/revistaaec/article/view/263/626. Acesso em: 03 dez. 2019.

SADDY, André. *Silêncio administrativo no direito brasileiro*. Rio de Janeiro: Forense, 2013.

SILVA, José Afonso da. *Curso de Direito Constitucional positivo*. 37. ed. São Paulo: Malheiros, 2014.

SUNDFIELD, Carlos Ari. *Fundamentos de direito público*. 5. ed. São Paulo: Malheiros, 2014.

ZANCANER, Weida. Razoabilidade e moralidade na constituição de 1988. *Revista Trimestral de Direito Público*, v. 2. São Paulo, Malheiros, abr./jun. de 1993, p. 205-210.

ZANCANER, Weida. *Convalidação dos atos administrativos*. Enciclopédia jurídica da PUC-SP. Celso Fernandes Campilongo, Álvaro de Azevedo Gonzaga e André Luiz Freire (coord.). Tomo: Direito Administrativo e Constitucional. Vidal Serrano Nunes Jr., Maurício Zockun, Carolina Zancaner Zockun, André Luiz Freire (coord. de tomo). 1. ed. São Paulo: Pontifícia Universidade Católica de São Paulo, 2017. Disponível em: https://enciclopediajuridica.pucsp.br/verbete/8/edicao-1/convalidacao-dos-atos-administrativos. Acesso em: 16 dez. 2019.

www.ingramcontent.com/pod-product-compliance
Ingram Content Group UK Ltd.
Pitfield, Milton Keynes, MK11 3LW, UK
UKHW021939190726
13853UKWH00004B/1537